の年収

much?

年収でわかる!?

歴史のヒーロー偉業伝

監修

NHK

「偉人の年収 How much?」

制作班

**Oda Nobunaga**

**Toyotomi Hideyoshi**

**Tokugawa Ieyasu**

**Hiraga Gennai**

**Makino Tomitaro**

**Inoh Tadataka**

**Mitsui Takatoshi**

**Higuchi Ichiyo**

**Noguchi Hideyo**

**Tsuda Umeko**

**Katsushika Hokusai**

# 偉人の年収 How much?

年収でわかる!?
歴史のヒーロー偉業伝

監修
NHK「偉人の年収 How much?」制作班

番組情報

# 偉人の年収 How much?

**毎月 第1・2・3 月曜 夜7時半～**
**Eテレで放送中!**

世の中を大きく変える偉業を成し遂げたビッグな偉人たち。歴史のヒーローは一体いくら稼いでいたの？　稼いだお金は何に使っていたの？　お金を切り口に半生をたどると、今まで語られなかった生き方や人生観が見えてきます！　時を超えて偉人たちと話ができる「ガマグチ型時空モニター」を使って、MC谷原章介・山崎怜奈が、偉人に扮した今野浩喜と対話するコーナーも人気です。

番組ナビゲーターはこの二人

歴史小説が大好物! 谷原章介

芸能界きっての“歴女” 山崎怜奈

Contents

# 第1章 戦国時代を生きた偉人



解説してくれるのは…
東洋大学文学部史学科・非常勤講師 柴裕之さん

# 第4章 日本の紙幣にまつわる偉人

ブックデザイン　PANKEY inc.
編集・原稿　井谷伸子（アルタイル）
田口みきこ
写真　浦川良将
イラスト　cocoanco
校正　石井保子

※本書はNHK「偉人の年収 How much?」の放送内容をもとにしています。
※本書の内容及び年収の算出については、専門家の監修のうえに再構成しています。
※番組では基本的に明治以降は満年齢、それ以前は数え年としています（一部、異なる場合がございます）。
生没年に関しても諸説あります。

Oda Nobunaga
Toyotomi Hideyoshi
Tokugawa Ieyasu

戦乱の世を生きた
三英傑

# 第1章 戦国時代を生きた偉人

一番稼いだのは
誰なの？

天下統一の礎をつくった
戦国時代のヒーロー
Oda
Nobunaga

# 織田信長

（1534-1582）

職業　戦国大名・天下人

性格　大胆不敵で好奇心旺盛

解説1

## 織田信長ってどんなひと？

地元・愛知県の人々に今もなお愛されている戦国時代のカリスマである信長は、一般的には時代の革命児といわれているかと思います。しかし、権力に任せて社会をおろそかにするのではなく、社会と向き合って活動した人間でした。そして、お金をうまく利用して天下統一を進めていったというのが、信長の実像ではないかと考えています。

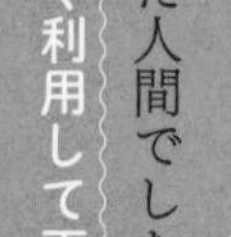

東洋大学・非常勤講師　柴裕之さん

## 1534（天文三）年、尾張勝幡《しょばた》城で誕生。尾張の〝大うつけ〟が19歳で家督を相続。

時は戦国時代。1534年、織田信長は現在の尾張国（現・愛知県）を治める織田一族の分家に誕生した。信長は古くからの風習に縛られない自由な発想を持つ青年へと成長し、奇抜な身なりや行動から、「うつけ者」とバカにされることもあったと伝えられている。

1552年、父である信秀が亡くなり、19歳で織田家を継承。その直後、「うつけ者だから、簡単に倒せそうだ」と、織田一族の中から信長を襲撃する者が現れるように。しかし信長は、農民出身の秀吉を家臣に加えるなど、身分を問わず優秀な人材を集め、兵力を強化。その結果、次々と織田家内の戦いに勝利していくこととなった。

この兵力強化を可能にしたのが、豊富な資金力。実は、信長は交通の要所となる港をおさえ、莫大な税収を得ていたのだった。その金額、今のお金に換算すると24億円。豊富な資金力を生かし、信長は兵を増強し、家督相続からわずか7年後には尾張の国のほとんどを支配することに成功した。

## 1560年、桶狭間の戦い(＊1)。勝利の要因はズバリお金の使い方！

信長は、駿河（現・静岡県）の戦国大名・今川義元に桶狭間の戦いで勝利を収めたが、このとき今川の兵力が2万5000だったのに対し、信長は4000に過ぎなかった。兵力では、到底かなうはずもなかったその差を覆した要因は、戦での「お金の使い方(＊2)」だった。

信長は、「戦で重要なのは情報」と、兵力を戦闘だけでなく、敵の動きを探るためにも使い先手を打った。そして、敵将・今川義元の居場所を発見。ピンポイントで襲い、見事、義元の首を討ち取り、今川の大軍を撃破したのだった。

歴史メモ

＊1 桶狭間の戦い【おけはざまのたたかい】
尾張国知多郡桶狭間で織田信長が今川義元を破った戦い。その後、信長は尾張を完全統一したうえ、畿内制圧へと台頭するきっかけとなった。信長は松平元康（徳川家康）と清須同盟を締結。これが戦国時代の転機となった。

お金メモ

＊2 お金の使い方
桶狭間の戦いでの歴史的な勝利で信長が一番の褒美を与えたのは、敵の首を一番多くあげた者でもなく、敵将・今川義元を討ち取った者でもなく、居場所を見つけた家臣だった。

## 桶狭間の戦いで勝利した
## 織田信長
## 当時（27歳）の年収は、

# How much?

統治する領地の石高 ……………………… 52万石

※石高（こくだか）とは、土地の生産性を米の収穫量で表したもの

年貢の税率 ……………………… ×50％

---

26万石

＋

港の関税収入 ……………………… 4万貫

今のお金に換算すると ………… 180億円

### 当時のお金をみてみよう！

「1石《こく》」、「1貫《かん》」は、現在の価値でどのくらい？

●1石＝米俵2・5個分（約150kg）の米で、今のお金に換算すると、約6万円。1貫は約1石、今のお金に換算すると約6万円。

当時流通していた通貨は？

●「永楽通宝《えいらくつうほう》」が流通しており、1枚で米1升と交換できたそう。その価値は今のお金に換算すると1枚約50円程度。つまり、米1升は50円ということになります。

解説②

### 石高＋港の関税収入＝年収

織田信長の27歳当時の勢力規模は、統治していた領地から得ていた年貢から算出することができます。桶狭間の戦いの頃には、尾張国はほぼすべてが信長の統治下で、勢力規模を考えると52万石になります。その半分を年貢として納め、残りの26万石が収入。さらに複数の港からの関税収入が4万貫ほどあり、合計額が信長の年収となります。

東洋大学・非常勤講師 柴裕之さん

## 1568年、幕府再興のために京都へ。兵士募集の広告をなびかせ、目指すは天下統一。

桶狭間の戦いで勝利し、一躍その名をとどろかせた信長が向かった先は京の都。しかしそこに、ある障害が立ちはだかった。戦（＊3）を繰り返しながら移動したことにより、軍勢の食費や武器の修理費など、莫大な経費が必要になったのだ。その額、12億円。

そんななか、信長が目を付けたのは、尾張のときと同じ「港」。しかも、注目したのは日本一の貿易都市・堺（現・大阪府堺市）だった。

堺の商人は、豊富な経済力を基盤に、高い自衛力と発言力を持つ権力者の集まりであり、武士でも簡単には支配できず、誰もが手を出すのを避けていた。しかし、信長は恐れることなくお金を要求。それまでの信長の活躍を耳にしていた商人たちはお金を差し出し、信長は12億円の徴収に成功した。

＊3 戦にかかるお金

5000人で10日間戦った場合にかかる費用は、鉄砲、馬、武器防具、食費など、合計で6億7000万円。兵士への報酬の支払いも重なり、赤字になることもあった。

お金メモ

莫大な資金を手にした信長は、新たな政策にも乗り出すことに。それは、庶民の暮らしを豊かにするための投資であった。戦国の世で乱れた京都を立て直すため、警備の兵を配置し、治安を回復。さらに信長が支配する土地に関しては、一定期間、年貢の減額や免除も行った。その結果、信長の人気は庶民の口伝えで拡散。京都周辺の国々を次々と治めていくこととなった。

しかし、信長の周りは強敵だらけ。それぞれがスローガン（＊4）を掲げて天下を狙っているなかで、信長が掲げたのは、当時流通していた貨幣の「永楽通宝」。この旗印、実は「兵士募集の広告」だったともいわれている。資金力をアピールし、兵を募り、信長はお金の力を巧みに使い、天下統一へと突き進んでいった。

歴史メモ

＊4 スローガン
武田軍は戦いの心構えを表した「風林火山」。上杉軍は戦いの神である毘沙門天の頭文字「毘」を旗印に描いていた。

## 1575年、鉄砲をつくり勝利した長篠の戦い（＊5）。経済都市の整備から城の受付係までもこなす、絶頂期。

信長は天下統一に向けて最大の壁となっていた甲斐（現・山梨県）の戦国大名・武田勝頼と激突。織田軍が鉄砲を駆使して勝利したことで知られる「長篠の戦い」である。

当時、鉄砲は1挺《ちょう》50万円と大変高価なうえ、火薬は輸入に頼るしかなく、戦での大量使用は不可能とされていた。しかし、信長はこの戦で3000挺の鉄砲に加え、入手困難な火薬も大量に持っていた。その理由は、貿易拠点の堺でしか入手できなかった火薬の原料「硝石《しょうせき》」を独占し、熟練の鍛冶職人らによる国産の鉄砲を、独自に大量生産していたからである。

そして宿敵・武田軍を倒した信長は、天下統一への拠点となる理想の町づ

＊5 長篠の戦い【ながしののたたかい】
三河国長篠城をめぐり、3万8000人の織田信長・徳川家康連合軍と、1万5000人の武田勝頼の軍勢が戦った合戦。連合軍の勝利により信長が名実ともに天下人となった。

歴史メモ

くりを始めた。選んだ場所は安土（現・滋賀県近江八幡市）。琵琶湖や京都、堺につながる主要街道があり、水陸の両方で人が集まる絶好の場所であった。ここで信長が行ったのが、誰でも店を出すことができ、税金を払う必要のない経済特区「楽市楽座《らくいちらくざ》」。1579年には、経済都市として成長した安土に城を建設。当時国内最大の高さ30m、地下1階、地上6階の天主《てんしゅ》を持ち、内装には金箔や漆がふんだんに使われた豪華絢爛な安土城の総工費は、100億円に上った。

権力の象徴として建てられた豪華な安土城を、信長は誰もが予想しない方法で利用した。軍事機密であるはずの城の内部を庶民に公開。入場料は100文、今のお金にすると、6000円だった。さらに、信長自ら受付に立ち、入場料を直接集めるサプライズは民衆たちの度肝を抜いた。夜になると提灯を吊るして安土城をライトアップ。まるで城をテーマパ

ークのように使った、信長流のパフォーマンスで大盛況。

前代未聞の発想で、民衆の心をわしづかみにし、天下統一に向かう信長への期待は、高まるばかりであった。

## 1582年、本能寺の変。

ほかの武将たちが思いもつかないアイデアを次々と実行し、戦国の世を一変させた信長。しかし、家臣である明智光秀が謀反を起こし、京都・本能寺に滞在していた信長を襲撃。寝込みを襲われた信長は、寺に火を放ち、自害して49年の生涯を終えることとなった。彼と民衆がともに描いた天下統一の夢は、その死から8年後、家臣だった豊臣秀吉により実現されることになる。

# 織田信長

## 絶頂期（49歳頃）の年収

How much?

天下統一の礎をつくった織田信長、
絶頂期の年収は…

# 471億円

（1石＝6万円）

銀山で稼いだお金や貿易に関するお金は年収には含まず、直轄領の石高、157万石（年貢×50%）からの計算。信長49歳当時、領地の大半を家臣に分け与えていたため、京都周辺の主要な土地のみが信長の直轄領でした。

# 織田信長のお金年表

## Okane History

| | |
|---|---|
| 1534年 | 尾張勝幡城（現・愛知県）で誕生 |
| 1552年 | 父の死により織田家の家督を相続（19歳） |
| 1554年 | 清須《きよす》城主となる（21歳）　港の関税で24億円を稼ぐ |
| 1560年 | 桶狭間の戦い（27歳）　年収１８０億円 |
| 1568年 | 上洛開始（35歳）　移動費12億円を税収入で賄《まかな》う |
| 1575年 | 長篠の戦い（42歳） |
| 1579年 | 安土城天主完成（46歳）　建設費１００億円 |
| 1582年 | 本能寺の変により自害（49歳）　絶頂期の年収４７１億円 |

## 織田信長の人生を振り返って

お金がどれだけ重要かという価値観は、当時の世の中では商人しかわかっていなかったのではと思うんです。だから信長に共感できる人が、まだ少なかったんだろうなと思うと、ちょっと歯がゆい思いですよね。

すごく商人的な考え方ができる人。強権的に権力を発動するイメージがありますが、実はサービス精神がすごく旺盛ですよね。民を喜ばせることが国を富ませることになり、自分のためにもなることをよくわかっていた人だなと思いました。

農民から駆け上がり
天下統一
Toyotomi
Hideyoshi

# 豊臣秀吉

(1537-1598)

職業 戦国武将・天下人

性格 発想力豊かな野心家

解説 1

## 豊臣秀吉ってどんなひと?

派手な印象もある豊臣秀吉ですが、生まれは貧しい農家で、体はひときわ小柄でした。そんな秀吉が、下剋上の激しい戦国時代を制し、なぜ国をまとめることができたのか。理由は子どもの頃からたくさん食べたいと焦がれた「お米」です。秀吉は武力でのし上がるだけでなく、お米の力を賢く利用することによって天下統一を成し遂げてきました。

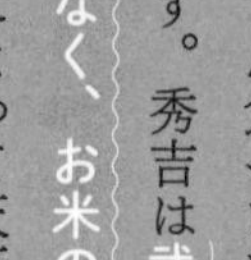

東洋大学・非常勤講師 柴裕之さん

## 1537（天文六）年、現在の愛知県で誕生。白いお米を食べるために目指した、侍の道。

1537年、下剋上の戦乱が全国で激しさを増していた時代。豊臣秀吉は尾張国（現・愛知県）で誕生。幼い頃に父を亡くした秀吉は、田畑を耕し、山で薪をとる貧しい農民生活を送っていた。その頃、農民が食べていたのはアワやヒエなどの雑穀類。育てた米は、年貢として納めるもの。どれだけ米をつくっても、滅多に口にすることはできず、幼い秀吉は、侍になり白米をたくさん食べることを夢見ていた。

18歳になったある日、天下統一を目指す織田信長が、家来を募集しているという情報を入手した秀吉。それは、能力があれば農民でも身分は問わないというもの。貧しい農民の秀吉と一国を治める信長が、ここで運命の出会いを果たすのであった。

## アイデアひとつで、組頭にランクアップ!

城の雑用係として働くことが認められた秀吉は、馬の世話や食料の調達など、みなが嫌がる仕事を進んで行った。そして2年がたった頃、信長が激怒する事件が起こる。水害で壊れた城の塀の修復が、20日たっても進んでいなかったのだ。そこで、秀吉は信長にアイデアを提案。修復するチームを10組に分けて作業を行い、一番早く終わらせた組に賞金を出すというものだった。チームで競わせることで作業効率をアップさせ、賞金を出すことで、やる気をもアップさせる作戦。この作戦は見事に成功し、翌日には塀は完成した。

この出来事などがきっかけとなり、信長に認められた秀吉は雑用係から足軽を束ねる組頭にランクアップ。信長に付き従い、戦地を渡り歩くようになった。

足軽組頭になって戦地を
渡り歩くようになった豊臣秀吉
20代前半の年収は、

How much?

20代前半の年収

15貫

今のお金に換算すると

約90万円

（1貫＝6万円）

### 当時のお金をみてみよう！

**足軽の武具にはいくらかかる？**

- 防具…4貫600文（今のお金で27万6000円）
- 槍…1貫（今のお金で6万円）
- 弓矢一式…1貫200文（今のお金で7万2000円）
- 鉄砲…8貫500文（今のお金で51万円）
- 刀…数百文～（今のお金で数万円～）

『戦国　経済の作法』より

解説❷

## 自腹だった足軽の武具

豊臣秀吉の20代前半当時の年収は15貫、現在のお金に換算すると約90万円といわれています。農民時代よりは収入は上がったものの、足軽になったことで武具が必要となり、その費用は自腹。標準的な装備も10貫（今のお金で60万円）かかり、これにプラスして生活費も必要だったため、秀吉の年収90万円は潤沢ではなかったといえます。

東洋大学・非常勤講師　柴裕之さん

## 〝米〟で士気を高めて、チームづくり。

26歳で百人足軽組頭となった秀吉。さらに年収も上がり、その頃には今のお金に換算すると300万円にまでなっていた。しかし、さらなる高みを目指す秀吉は、戦に勝つのに大切なのは武力だけではないと、ある秘策を考えていた。それは〝米〟を巧みに利用することだった。

1573年、信長を裏切った浅井長政との戦において、奇襲作戦で織田軍を勝利に導いた秀吉。褒美として所領を受け取って、37歳で近江国（現・滋賀県）東北部の城主となる。自分の裁量で米を使えるようになった秀吉は、ついに行動に出る。

戦において、当時は戦う者だけに食料を与えるのが常識。そんななか、秀吉は戦う者だけに限らず、武器や食料を運ぶすべての者に、1日5合の米を配布すると宣言。さらに城には「備蓄米」も確保。いつ大きな戦が始まっても十分に賄《まかな》えるだけの米を蓄えることにした。

そして1577年、信長から中国地方を支配する毛利家打倒の命令が下る。カギを握るのは、難攻不落と呼ばれた鳥取城（現・鳥取県鳥取市）の攻略。秀吉がねらいを定めたのは鳥取城の米蔵。戦を始める前に鳥取城周辺の町に商人を送り込み、米を買い占めた。米の高額買い取りの噂が広まり、農民や城の中の武士たちまでが我先にと米を売りに来るほどだったという。

## 1581年、戦わずして勝利した鳥取城の戦い。

その後、満を持して鳥取城の目の前に陣を構えた秀吉だったが、兵を動かすことはなかった。3ヵ月後には、城内の米が尽き果て相手は降伏。米の買い占めとともに、鳥取城に物資を補給するルートも、すべて遮断していた、秀吉の勝利であった。戦わずして勝利をあげた秀吉は、その後も次々と強敵を撃破していくのであった。

しかしその矢先、信長の家臣であった明智光秀がクーデターを起こす。京都・本能寺で、信長が討たれた「本能寺の変」である。秀吉は光秀を討伐するため、岡山から京都を目指しすぐさま移動を開始。その距離およそ200km。途中、姫路城では、疲れきっている兵士たちに貴重な白米を大盤振る舞いし、城内にためていた8万5000石（1万5000トン）の備蓄米と、金と銀もすべて臨時ボーナスとして配付。その額は一人につきおよそ47万円。当時の6ヵ月分の給与額だった。2万人の兵に分け与えた費用は、総額94億円！

秀吉率いる軍は、その勢いのまま京都まで進軍。本能寺の変からわずか12日後に明智光秀を倒し、信長の無念を果たすため天下統一を誓う。

## ビジネスパーソンとしても腕を振るい、〝米〟で大坂城を築く。

1585年、関白になり朝廷から豊臣の姓をもらいうけた秀吉。今のお金で780億円を投じてつくった大坂城（現・大阪府大阪市）を天下統一の本拠

地とした。この費用を工面したのも〝米〟であったという。北国船《ほっこくぶね》という巨大な船をつくり、北国の津軽に出向いて商人に米を買わせ、米の値段が高い地域を調べて売りさばくという商売を始めて大成功。秀吉は、信長が果たすことのできなかった天下統一という大仕事にまい進していく。

## 貧しい農民上がりの秀吉が夢見た天下統一とは。

天下統一を目指す秀吉最後の強敵は、関東の北条氏。小田原城の守りを固める北条氏に対して、秀吉は自分に従う大名たちに出兵を命じ、城を包囲。北条軍6万に対し、秀吉軍は19万。2年間戦えるだけの米もしっかりと用意し、小田原城の目の前には巨大な城も建設。大名たちの家族を呼び寄せ、茶会を開く余裕ぶりであった。その姿を見せつけられた北条氏は、4ヵ月で降伏。秀吉は、ついに念願の天下統一を成し遂げたのだった。

「戦わずして勝ちを得るのは、良将《りょうしょう》の成すところである」

そう語った秀吉は、関白の座を甥の秀次に譲り、太閤《たいこう》に就任。次に目指したのが全国の米の支配であった。そのために行ったのが「太閤検地」。秀吉は専門の調査隊を全国に派遣、田んぼの大きさや収穫状況を調べ、年貢を納める根拠にした。さらに、米の量をはかる「枡《ます》」は京枡を基準として使うことを命じ、1枡の量は今も使われている米1合（180cc）の原点となった。

全国の米の収穫による基準（石高《こくだか》）を設けた秀吉は、石高に応じた仕事や領地替えを命じるなどして全国の大名を統率。実際に耕作している農民たちには土地を与え、天災によって農作物に被害が出ると年貢を減免。荒れた土地を開拓した者にはその土地の所有権を与え、翌年の年貢を免除。さらに、刀狩りを実施し、農民たちに武器の使用を制限させ、農業に集中させるなど、次々に新しい農業政策を実行する。「農民がつくる米こそが、国の未来をつくっていく！」という信念だった。

貧しい農民から天下統一を果たした秀吉は、1598年に山城伏見城（現・京都市伏見区）で62年の生涯を閉じた。

# 豊臣秀吉

## 絶頂期(62歳頃)の年収

# How much?

直轄領が最も多かった頃の年収は…

# 660億円

(1石＝6万円)

62歳頃の秀吉の直轄領220万石。その半分を年貢として納め、今のお金にすると660億円でした。晩年の資産はさらに増え、金9万枚、銀16万枚を有し、今のお金にすると2,250億円にも上りました。

『さかのぼり日本史』より

## 豊臣秀吉のお金年表

## Okane History

- **1537年** 尾張国（現・愛知県）で誕生
- **1554年** 織田信長に小者《こもの》として仕える（18歳）
  年収90万円
- **1562年** 百人足軽組の頭となる（26歳） 年収300万円
- **1582年** 本能寺の変（46歳）
  2万人の兵に94億円分のボーナスを分配
- **1585年** 関白となる（49歳）
- **1590年** 天下統一を成し遂げる（54歳）
- **1593年** 大坂城の城郭部が完成（57歳） 建設費780億円
- **1598年** 山城伏見城にて没す（62歳） 年収660億円、資産2250億円

## 豊臣秀吉の人生を振り返って

出自をたどると農民。織田家で働くようになってからどんどん成り上がっていきましたが、生涯のなかでここまで上がるのは難しいと思うんです。だから、秀吉を支えていたものはなんだったのか。お金だったのか、野心だったのか…とても気になります。

不思議なのは、幕府を開くのではなく朝廷側についたこと。武士よりもさらに上に行ってやろうという、野心があったのかなと。それゆえに結局秀吉の死後、豊臣家が武士の徳川に倒されてしまったことに、どこか寂しさも感じてしまうんです。

戦乱の世を
終わらせた天下人
Tokugawa
Ieyasu

# 徳川家康
（1542-1616）

職業　戦国大名・天下人

性格　思慮深く我慢強い

解説1

## 徳川家康ってどんなひと？

天下統一を成し遂げ、江戸に幕府を開いた、日本史のスーパースター徳川家康。さぞ華やかな人生を歩んできたのかと思いきや、弱小勢力の出身で、どちらかというと地味な存在でした。「人質」の時代があり、その後は時の力を持っている大名に付き従うことで生き延びてきた、我慢し続けた人生。最後に天下を取り、戦のない世を目指しました。

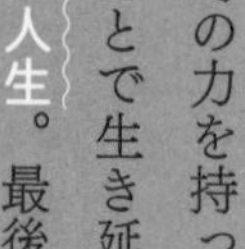
東洋大学・非常勤講師　柴裕之さん

## 1542（天文十一）年、三河岡崎城主の長男として誕生。11年の人質生活で武将としての基礎を形成。

世界有数の経済都市・東京。人とモノとお金が行き交う、日本一エネルギッシュな街。その礎をつくったのが、徳川家康。天下統一を成し遂げ、江戸に幕府を開いた、日本史のスーパースターである。

戦国時代の真っ只中の1542年、三河国岡崎（現・愛知県岡崎市）の小大名の子として生まれた家康。三河は尾張（現・愛知県）と駿河（現・静岡県）、ふたつの強国に挟まれた場所。勢力の弱い三河は駿河を治める今川義元の支配下に入ることで、生きながらえていた。当時、支配下に置いた国から裏切りが起きないよう、家族を預かるのが習わしだったため、8歳の家康も、「人質」として今川家へ。今川家に入ると、戦術・政治・道徳・哲学など、大人でも難解な中国の学問書を渡され、勉強に明け暮れる日々が続いた。そんななか父が亡くなり、ふるさとの三河は今川家のものに。家康自身も生き残るためには、今川家に頼るほかなく、「人質」生活は11年も続いた。

## 桶狭間の戦いで今川軍が敗れ、三河へ戻る。

1560年、家康が19歳になったときに尾張との戦が勃発。家康には最前線の城に食料を届けるという、危険な任務が与えられた。家康は中国の孫子から学んだ「兵法」を用いて、作戦を立てることに。まず、砦《とりで》をひとつ攻め、敵が救援に向かっているその隙に城へ入るという戦法だった。巧みな戦術で任務は成功。無事に手柄を挙げられたと思ったのも束の間、優勢だったはずの今川軍がまさかの敗北。今川を討ったのは尾張の戦国大名・織田信長であった。この「桶狭間の戦い」で勝利した信長は、一躍全国にその名をとどろかせ、負けた今川軍は三河から撤退。この機会に乗じて家康は、ふるさとの三河へ戻り、今川家から独立して戦国大名となった。

## 弱小国・三河を率いることになった
## 新米大名
## 家康（26歳頃）の年収は、

# How much?

| | |
|---|---|
| 統治する領地（三河）の石高 | 25万石 |
| 家臣に与える領地（60％） | −15万石 |
| 年貢の税率 | ×50％ |
| | 5万石 |
| 今のお金に換算すると | 約30億円（1石＝6万円） |

### 当時のお金をみてみよう！

**戦にかかる費用を今のお金に換算するとどれくらい？**

- 装備一人あたり40万円、1ヵ月1万人の兵を動員すると食料などを含め5000万円！
- 資金源は農民たちから集めた年貢米。

**戦国大名のおサイフ事情は？**

- 通常経費（生活費、軍備費、外交費、儀礼費など）で収入の84％を占め、臨時経費の出費もあって、赤字だったそう。

出典：越後文書宝翰集（北陸の大名・長尾為景の場合）

解説❷

### 経費がかかり、収支は赤字！

治めている三河の国の土地の規模によって年収を算出することができます。石高をベースにすると、25万石。家臣に与える分を引き、税率をかけると家康の取り分になります。計算すると現在のお金で約30億円！しかし、当時の大名は国のために持ち出すことが多く、収入よりも支出が上回ることが多かったという資料も残されています。

出典：越後文書宝翰集

東洋大学・非常勤講師 柴裕之さん

# 信長と同盟を結び、勢力拡大。

家康は、桶狭間の戦いの翌年、信長と軍事的同盟である「清須同盟」（＊1）を締結。ともに恐れていた最強の大名は甲斐の虎こと、武田信玄であった。その強さの秘密は、莫大な資金力。信玄が治める甲斐国（現・山梨県）には数多くの金山があり、この金をもとに強力な騎馬隊を編成。その数9000騎（＊2）。信玄はこの大騎馬軍を率い、支配地域を拡大。織田信長と戦うために、西へと進軍を開始した。

このとき、進軍を阻む最前線に立たされたのが家康であった。家康は防御を固め、城で迎え討つ準備を整える。しかし、武田軍は城を素通り。家康は敵の背後をつこうと城を出るが、待ちぶせていた武田軍の戦略の前に大敗。多くの仲間を一度に失った家康は、自分の未熟さを思い知ることになった。そして信玄はさらに西へと兵を進めたが、半年後、突如病に倒れ、

＊1 清須同盟【きよすどうめい】
1561年に、織田信長と徳川家康で結んだ同盟。最初は対等な立場であったが、信長が勢力を拡大するなかで次第に主従関係が生まれてきたといわれる。信長が死去した本能寺の変まで20年も続いた。
歴史メモ

＊2 9000騎
1頭あたり今のお金で約18万円、騎馬だけで合計16億円という資金をつぎ込んだ。
お金メモ

53歳で命を落としてしまう。

強敵がいなくなり一気に天下統一に向け、勢いづいたのが信長。信玄に負けない豊富な資金力をもとに、軍事力を強化。家康は信長の下で成果を挙げ、褒美として新たに領地を受け取り勢力を拡大、41歳の頃には年収は今のお金で84億円までアップした。

しかし、そこで悲劇が。頼りにしていた信長が、家臣・明智光秀の裏切りにより、死に追いやられてしまったのだ。「本能寺の変」である。信長亡きあと、この戦乱の世をどうやって生き抜くか。家康が次に頼ったのは豊臣秀吉であった。

## 家康の江戸入り。
## 避けては通れぬ、天下分け目の戦い。

秀吉から関東を任され、江戸に城を構えた家康は、関東6ヵ国・250万石を収めていた。そんななか、秀吉は天下統一を果たしてから8年後、62歳で亡くなってしまう。当時、家康は57歳。秀吉のあとを継いで天下を取るのは家康に違いないと、周囲からささやかれていた。しかし、そんな家康の存在を恐れたのが、秀吉の最も忠実な家臣だった石田三成。日本の勢力を二分した二人の戦いは、もはや避けられない状況に。三成ら率いる軍勢の戦力が上であると察した家康は、全国の大名に手紙を送ることにする。味方になれば、領地を与えることを約束したのだ。さらに、「普段は人に任せますが、この手紙は私が書かせてもらいました」と、家康自らが筆を執ったことをアピールし、相手の心を引き寄せようともした。書いた手紙は150通以上であった。

そして1600年、ついに、三成ら率いる西軍と家康率いる東軍が激突。天下分け目の「関ヶ原の戦い」である。兵力では上回っていた西軍だったが、1万5000の兵を連れて寝返った小早川秀秋《こばやかわひであき》など、思わぬ行動に出る大名が続出。形勢は一気に逆転。長引くと思われた戦いは、わずか1日で決着。家康のしたたかな手紙作戦が功を奏し、東軍を大勝利に導いたのだった。

1603年、62歳で征夷大将軍となり江戸幕府を開いた家康。戦乱の世に翻弄され続けてきた家康の願いは、戦のない世の中だった。そこで力を入れたのが町づくり。武士中心の世の中から、苦労してきた庶民が主役の世の中へ。やがて江戸の人口は100万を超え、世界最大級の都市となった。

晩年、駿河へと移り住んだ家康。この平和の世がずっと続いてほしいと願い続け、1616年、75歳で波瀾万丈な一生に幕を下ろした。

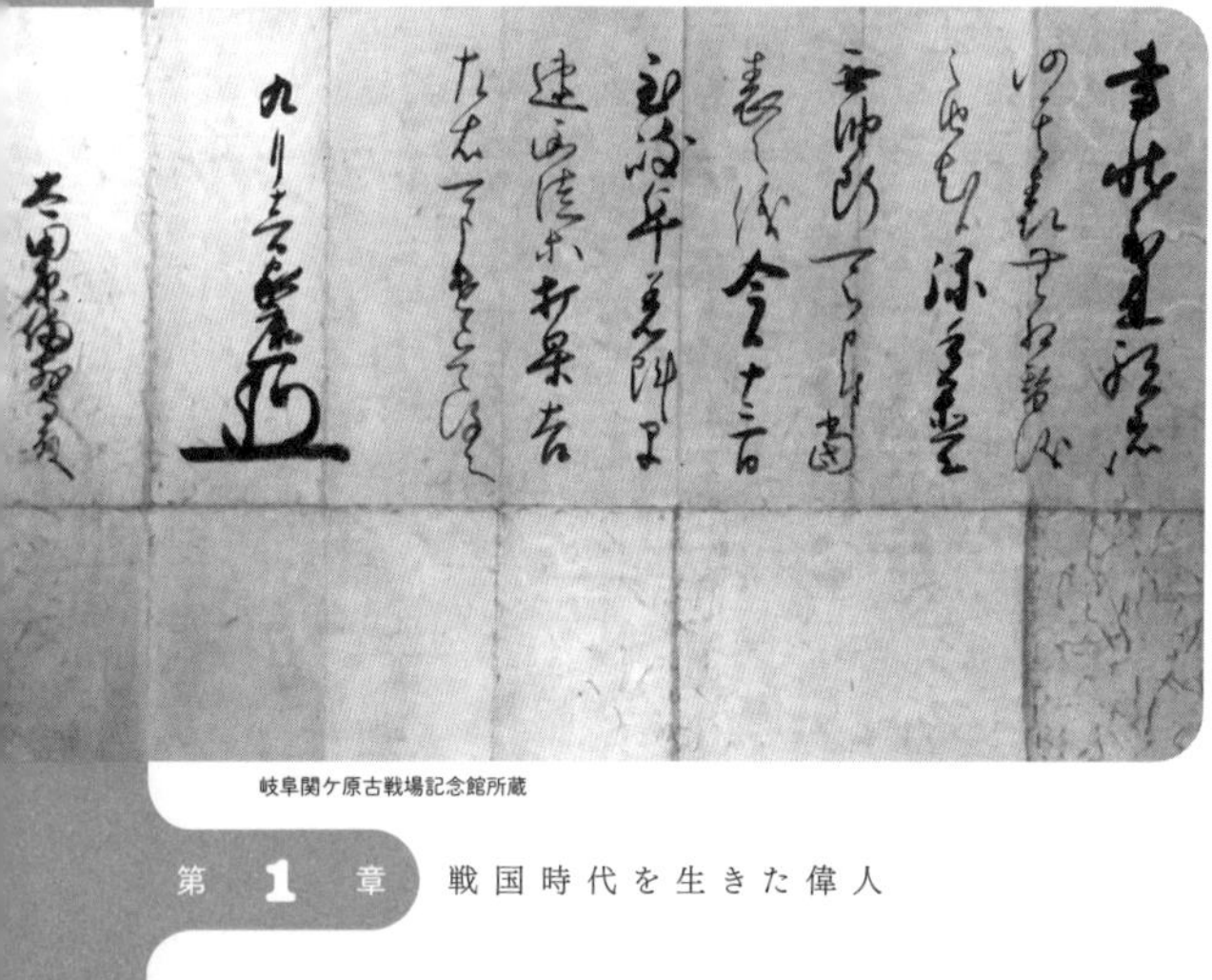

家康が書いた手紙

岐阜関ケ原古戦場記念館所蔵

# 徳川家康

## 絶頂期（62歳頃）の年収

# How much?

江戸幕府を開いた絶頂期の頃の年収は…

# 1,050億円

（1石＝6万円）

1,050億円は家康が直接治める領地から得た収入。62歳当時の日本全体の石高は1,857万石で、今の金額でおよそ1兆1,100億円。これを踏まえると、家康は日本のお金のおよそ1割を、たった一人で稼いでいたことになります。

## 徳川家康のお金年表

Okane History

1542年 三河岡崎城主の長男として誕生

1549年 今川義元の「人質」となり、駿府（現・静岡県静岡市）へ移る（8歳）

1560年 桶狭間の戦い（19歳）

1567年 三河の戦国大名となる（26歳） 年収30億円

1575年 長篠の戦い（34歳）

1582年 本能寺の変（41歳） 年収84億円

1600年 関ヶ原の戦い（59歳）

1603年 江戸幕府を開く（62歳） 年収1050億円

1616年 駿府城で没す（75歳）

徳川家康の人生を振り返って

人のことをものすごくしっかりと見ている印象があります。庶民にも優しく、ちゃんと庶民の生活が潤って、町じゅうが繁栄するようにという仕組みを考えられたんでしょうね。

幕府が終わったその後の日本まで、長い視野で物事を考えていたのかもしれないと思うぐらいの、深謀遠慮を感じる人。長い期間をかけて、どのように統治しようかという自分の中のプランを、練りに練っていたのではないでしょうか。

Hiraga Gennai

Makino Tomitaro

大切なのは
お金？ それとも…

# 第2章
# 好きに一直線！オタクな偉人

好きなことで生きる
幸せが一番！

# 歴史上屈指のマルチクリエーター

# Hiraga Gennai

# 平賀源内

職業　マルチクリエーター

性格　不屈の精神を持った好奇心の塊

（1728-1779）

解説1

平賀源内ってどんなひと？

源内といえば、電気を起こす装置「エレキテル」をつくった発明家として知られていますが、日本人初の西洋絵画を描いたアーティストや土《ど》用《よう》の丑《うし》の日にうなぎを食べる習慣をつくった仕掛け人など、いくつもの顔を持っていました。しかしその理由は、借金返済のため。いろいろ手を出した結果、マルチクリエーターのようになっていったのです。

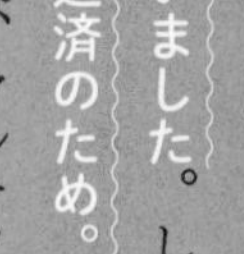

平賀源内記念館・学芸員　瀬来孝弥さん

## 1728（享保十三）年頃、現在の香川県さぬき市で誕生。奇抜な発想力で、周囲を驚かせる幼少期。

江戸時代中期、鎖国政策により外国との行き来が制限されていた時代に、現在の香川県さぬき市で、平賀源内は高松藩の下級武士の家に生まれた。子どもの頃からモノづくりが大好きだった源内は、からくり掛け軸（＊1）をつくって人々を驚かせるなど、大人でも考えつかないような奇抜な発想を持ち、付いたあだ名は「天狗小僧」であった。

## 興味の赴くままに、本草学の道へ。

父のあとを継ぎ、米蔵《こめぐら》の管理をする番人になったのは源内が22歳のとき。当時の年収は一人扶持《いちにんぶち》で、現在のお金に換算すると13万円ほどだったという。

歴史メモ

＊1 からくり掛け軸
糸を引くと裏にある赤い紙が重なり、顔が赤くなったように見えるからくり掛け軸「お神酒天神」をつくった。

しかし源内は「ここで一生を終えたくない」と、以前から興味のあった、本草学（＊2）の道へと進んだ。この選択が、源内にとって大きな転機に。

本草学を学ぶ源内の熱心さが藩主の目に留まり、25歳で長崎へ遊学。その頃の長崎は、鎖国をしていた日本が唯一西洋に開いていた港で、最先端の知識や商品が入ってくる場所であった。源内にとって見るものすべてが驚きの連続。磁針器《じしんき》（コンパス）や顕微鏡など、西洋の最新技術に触れ、いかに日本が遅れているのかを痛感。さらに、日本でも手に入る薬草が、海外から輸入され、高値で取引されていることを知り、このままではいけないと、「メイドインジャパン」を志すように。

高松藩を辞職した29歳の源内が向かった先は江戸。源内はさっそく一大プロジェクトを立ち上げ、日本初の博覧会「薬品会《やくひんえ》」を開催。輸入品の代わりとなる国産の薬草を見つけることが目的であった。源内の呼びかけで、全国から180種を超える薬草や鉱物が江戸に集結。成果をまとめた出品解説書『物類品隲《ひんしつ》』で源内は名声を高め、30歳にして江戸で花開いたのであった。

＊2 本草学【ほんぞうがく】
中国などで発達した薬物学で、薬の原料となる植物や鉱物を研究する学問。

歴史メモ

## 江戸で花開いた
## 平賀源内
## 当時（32歳頃）の年収は、

# How much?

活躍を聞いた高松藩が再び源内を

呼び戻し再就職したときの

年収を今のお金に換算すると

……

四人扶持

約52万円

銀10枚

約46万円

……

約98万円

当時のお金をみてみよう！

「扶《ふ》持《ち》」って何？

● 一人扶持＝1人1日玄米5合分を基準にした、江戸時代における武士の給与のこと。

● 1カ月換算すると1斗5升、1年間では1石8斗（米5俵）となり、現在の価格で13万円ほど。四人扶持はその4倍の52万円。

解説❷

**昇給率、700％以上！**

江戸で活躍し、再び高松藩に就職した源内の待遇は、四人扶持銀10枚でした。今のお金でいうと、約98万円の待遇です。米蔵の番人だったときは約13万円の年収でしたから、7倍以上も昇給。当時、一人暮らしの男性であれば、年収が60万円あれば生活できたとされていますから、源内の98万円は高待遇であったことがわかります。

平賀源内記念館・学芸員 瀬来孝弥さん

## 1764年、秩父の山で人生を懸けての大勝負。

江戸での活躍が認められ、高松藩に呼び戻された源内だったが、地方で出世するよりも、江戸で幕府に仕えたいと辞職を申し出る。すると、怒った高松藩は他藩に仕えることを禁止。源内は再就職先を失うことに。フリーランスとなった源内は1764年、現在の埼玉県秩父市へと向かう。「薬品会」での活躍に目を留めた、地元の名士から招待されたのである。

源内は秩父の山を調査するなかで「石綿（＊3）」を発見。「燃えない布を織ることができれば、日本の輸出品になるに違いない！」と、すぐさま現地の職人に布づくりを依頼。日本では初めての試みのうえ、石綿の繊維は非常に細く、制作は困難を極めたが、試行錯誤の結果、ついに完成。瞬く間に話題となったが、評判のわりに販売にはつながることはなかった。石綿からつくられた「火浣布《かかんふ》」は、わずか3㎝程度しかなかったのだ。実用性に乏しかったのが失敗の理由であった。

＊3 石綿【いしわた】
歴史メモ
名前の通り、綿のような石のことで熱にとても強いという特徴がある鉱物。

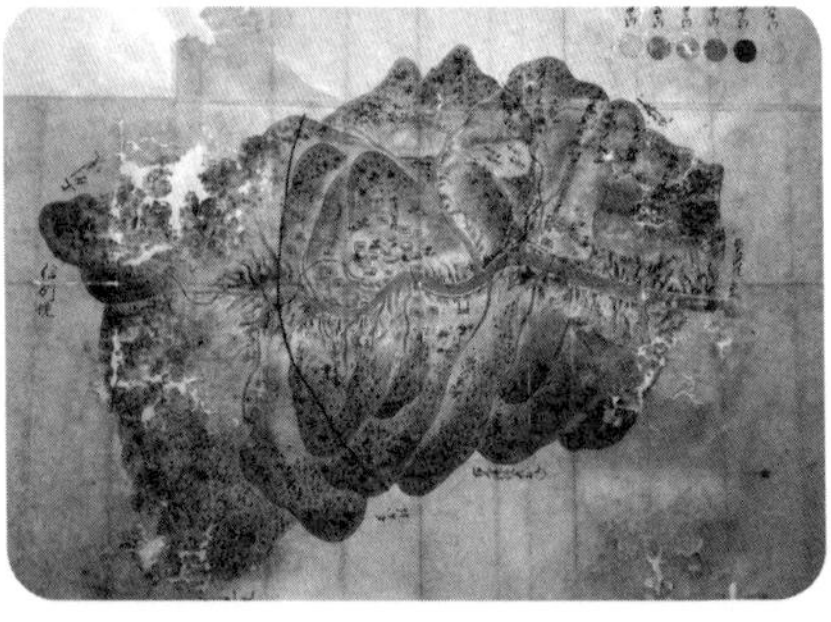

源内直筆の地図
個人蔵

しかし、心が折れなかった源内は、1773年、秩父で鉄山の開発に着手する。当時は技術が低く、鉄山開発が事業として成功するかどうかは、運次第。「ひと山当てる」「山勘」「山師」といった言葉ができるほど、難しいことであった。イチかバチかの開発ではあったが、源内は商人などから借金をして、資金を調達。そのとき抱えた借金の総額は、今のお金で1億円以上。源内はすべてを懸けて挑んだのだった。

来る日も来る日も山を歩き回り、詳細な地図を書き起こした源内は、ついに鉄鉱石を発見する。それまで鉄は砂鉄から製錬していたが、代わりに鉄鉱石を用いることを考え、腕のいい職人を集めて製鉄を開始。しかし、格闘すること2年。試みは挫折し、鉱山も閉じられることになる。「目論見《もくろみ》人　平賀源内　大しくじり」という、地元の人が書いた記録も残されているほどの大失敗。残されたのは、莫大な借金だけであった。

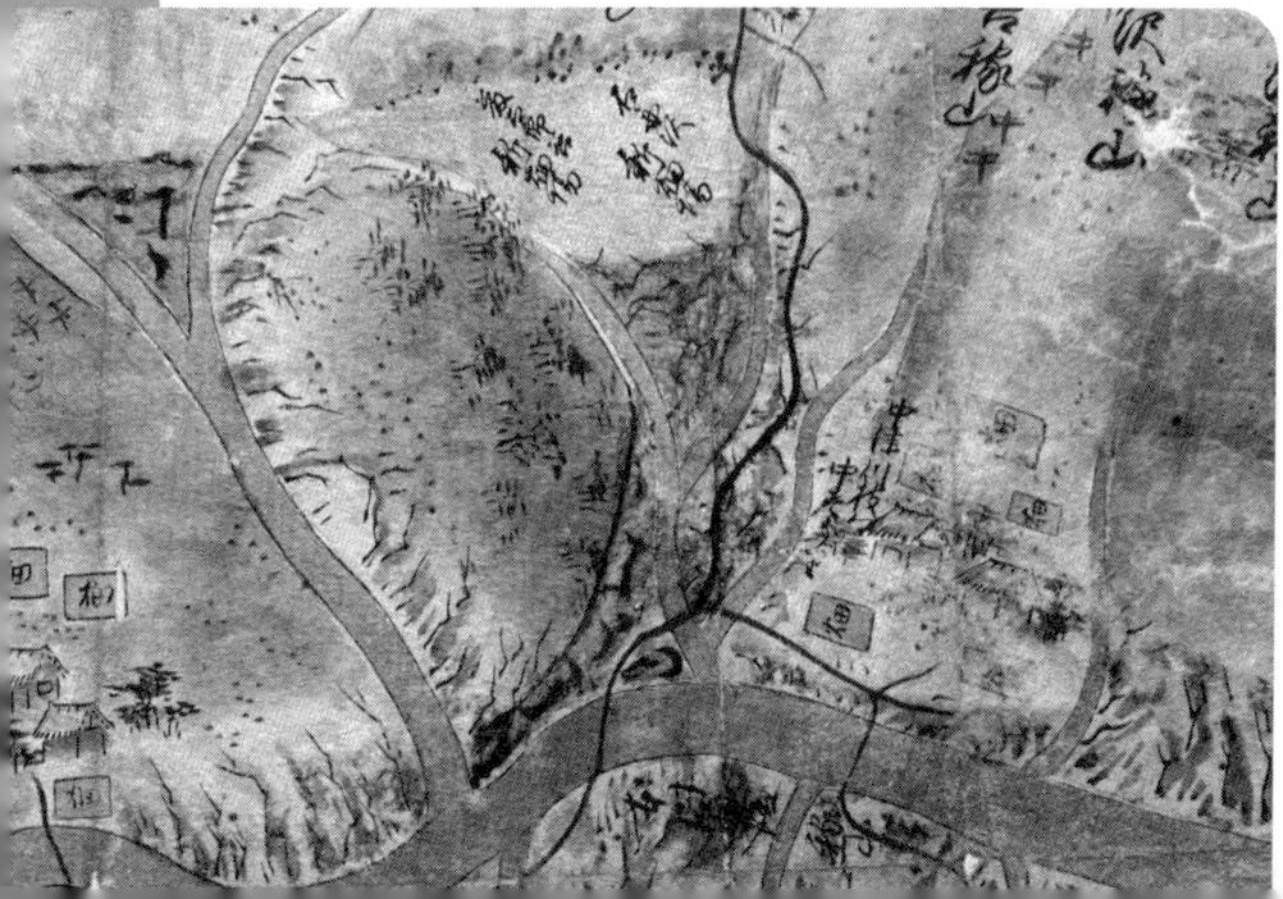

源内直筆の地図。中央の太い線が発見した鉱脈

個人蔵

# トライ&エラーを繰り返しながら日本のために挑戦するも、前途多難。

石綿からの布づくりや鉱山の開発以外にも、さまざまな挑戦をしていた源内。例えば、毛織物の国内産業化もそのひとつ。当時、海外から輸入していて高価だった毛織物に着目し国内産業化に挑戦するが、羊の繁殖方法が確立されておらず、またもやチャレンジは失敗。そのほかに取り組んでいたのは、源内焼と呼ばれる、国内の土を使用した観賞用の皿づくり。この頃の輸入品の陶磁器が高価であったため、国産を目指したのだったが、食事に使用されない皿への需要がなく、再び失敗に終わってしまう。そして、次に挑んだのが金唐革紙《きんからかわかみ》であった。海外の金唐革を参考に、和紙に金属箔を貼り付けた高級な装飾品であったが、この試みが世間に認められ、ようやく成功を収めた。ところが、和紙の耐久性の問題から、ブームはあっという間に去ってしまうことに。その後も試行錯誤するも、源内は借金をなんと1億円以上抱えたままでであった。

## 「土用の丑の日」はコピーライター源内の発案!

そんなあるとき、源内はうなぎ屋の店主の相談を受ける。冬が旬のうなぎを、夏でも売れるようにしてほしいということだった。そこで考えたのが「本日丑の日」というコピーを店頭に掲げること。たまたまその日が、十二支でいう丑の日だったことからであった。丑の「う」とうなぎの「う」をかけて丑の日に「う」の付くものを食べると、無病息災になるという、現代に続いている食文化のコンセプトを考えたのも、多彩な才能を持った源内の仕事のひとつであったといわれている(※)。

※源内の弟子の仕事という説もある。

## 1776年、エレキテルの復元に成功！ しかし、源内を待っていたのは…。

源内が、のちに彼の代名詞となるエレキテルの復元を始めた時期は、親友である杉田玄白（＊4）が『解体新書』を発行した頃であった。エレキテルとは、ハンドルを回し、中にあるガラスと金属を摩擦させ、静電気を生み出し、導線から放電する装置であり、海外では医療機器として利用されていた。1770年の2度目の長崎への遊学の際に、壊れたエレキテルを手に入れていた源内は、「エレキテルを修理できれば、日本初の医療機器をつくることができる。そうすれば、わざわざ海外へ金銀を払うこともなくなる」と考え、復元に取り組み始めたのだった。

その頃は、日本には電気という概念は存在せず、知識もな

歴史メモ ～～～

＊4 杉田玄白【すぎたげんぱく】
1733-1817。江戸時代の蘭学者。オランダ語で書かれた解剖書を翻訳した『解体新書』を発行。源内が亡くなった際には葬儀を執り行い墓も建てたほど、深い交友関係にあった。

かったが、細工職人とともに復元作業に注力。複雑な構造を読み解き、ときには通訳者にオランダの書籍を解読してもらいながら作業を続けること足かけ7年。ついに1776年、エレキテルの復元に成功した。

大名たちの間でたちまち大評判となったエレキテル。江戸を訪れる大名らを招いて、宴会とともに行われるエレキテルのデモンストレーションは、江戸に一大ブームを巻き起こす。この成功で、1回60万円ともいわれる高額な見世物料を貰うことができたのだ。

しかし、成功と同時に民衆から「医療機器と言って宣伝しているが、見世物料が欲しいだけじゃないか」などと陰口を言われるように。

「大勢の人の知らないものをつくろうと破産もしたし、禄も捨てた。日本のため、世間のために骨を折れば、世間で山師

とそしられる…」。

心ない陰口、そしてブームの終焉《しゅうえん》により、源内は次第に精神的に追い詰められていくのであった。

そんななか、源内は些細な口論から知人を刀で斬るという、大事件を起こし投獄されてしまう。そのまま牢の中で生涯を終えることになった源内だったが、一説によると絶食し、餓死したともいわれている。

波乱に満ちた源内の人生は何をやっても時代の先を行きすぎ、失敗ばかりが続いたが、その死後、綿羊の毛織物は明治時代から国内産業化が始まり、一度は閉山した中津川の鉄鉱山も大正時代に再開発され、日本屈指の鉱山となった。そして、かつて源内が目指した「メイドインジャパン」の夢は、100年以上あとにようやく日の目を見ることになったのだった。

監修：石上敏さん（大阪商業大学・教授）

# 平賀源内
## 絶頂期（50歳頃）の年収

How much?

エレキテルで江戸に一大ブームを巻き起こした、
絶頂期の年収は…

# 2,000万円

エレキテルの見世物料がおよそ1,200万円。1回10両（今のお金で60万円）の宴会を、年約20回開催。さらに、「源内くし」や「金唐革紙」の収入800万円が加わり、合計が約2,000万円だったと考えられます。しかし、見世物を行った際の宴会代は、すべて源内の自腹でした。

## 平賀源内のお金年表

### Okane History

1728年　讃岐志度浦（現・香川県さぬき市）で誕生

1749年　家督を相続、米蔵の番人に（22歳）　年収13万円

1757年　第一回「薬品会」開催（30歳）

1759年　高松藩で昇格（32歳）　年収98万円

1764年　秩父で石綿発見、「火浣布」制作（37歳）

1773年　秩父の中津川で鉄山開発に着手（46歳）　借金1億円

1776年　エレキテルの復元に成功（49歳）　年収2000万円

1779年　獄中死（52歳）

平賀源内の人生を振り返って

考えが早すぎましたね。理解者がいたら、国内産業がもっと早くたくさん増えていたと思います。背負った借金を生涯返済することができなかった源内さんですが、彼の心のバランスが崩れていなかったら、生きているうちに認められていたのかもしれません。

高松藩をクビになったときに、誰にも仕えることができなくなったことで、サポーターとの出会いを逃したのではという悔しさがありますね。そして、エレキテルを医療用として活用するのだったら、友人の杉田玄白を頼るとよかったのかもしれません。

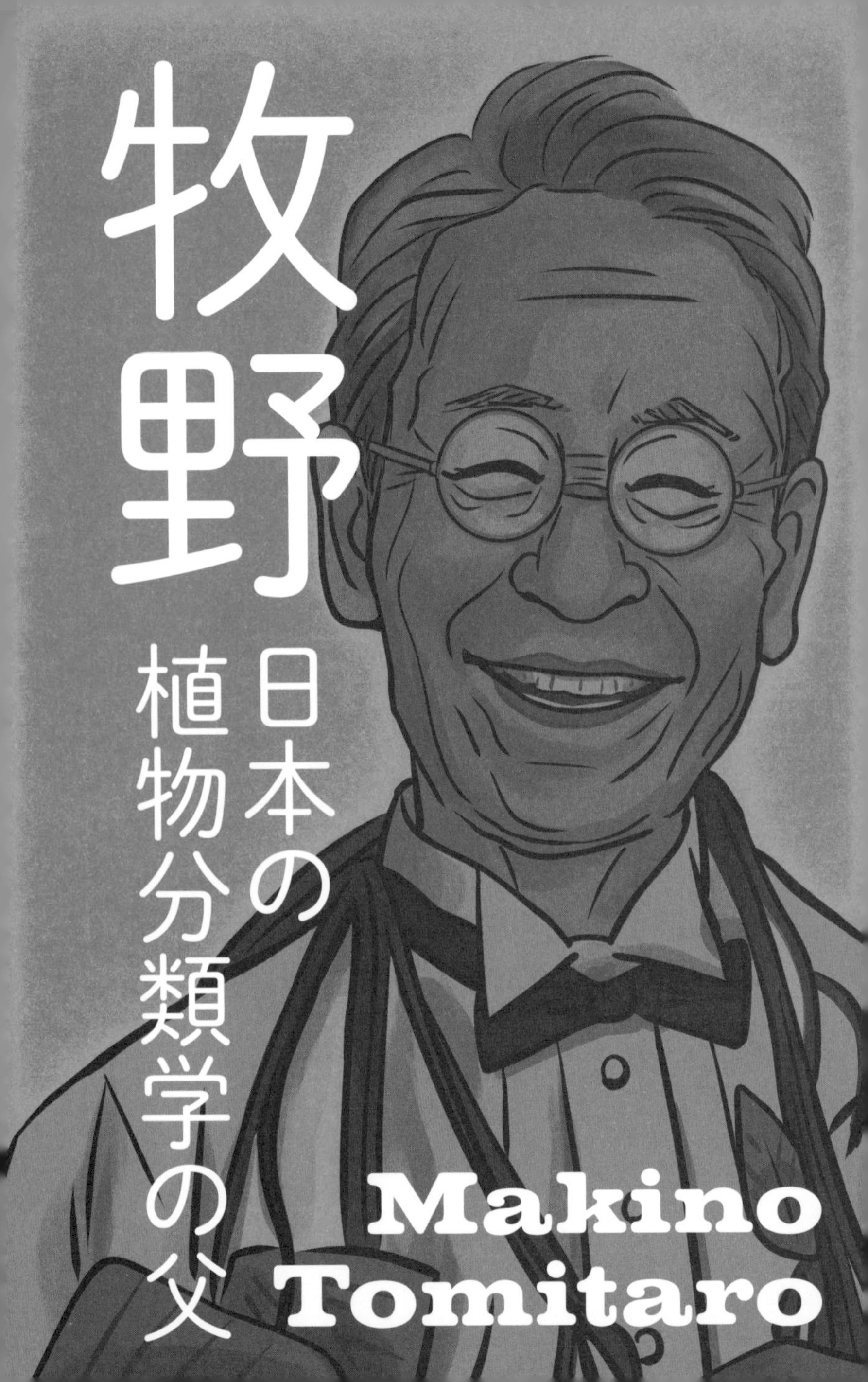
牧野
日本の植物分類学の父
Makino Tomitaro

# 富太郎
(1862-1957)

職業　植物学者

性格　朗らかな情熱家

解説1

**牧野富太郎ってどんなひと？**

日本の植物分類学の父といわれる富太郎は、人生を懸けて植物を研究し、数多くの新種を発見。命名した植物は1500種類以上にも上り、「世の中に雑草という草はない。どんな草だってちゃんと名前が付いている」という名言も残しています。一方で、「私は草木の精かもしれん。ハハハハハ」という言葉も残しており、ユーモラスな一面もありました。

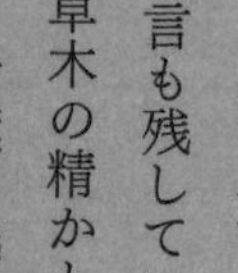

練馬区立牧野記念庭園・学芸員　田中純子さん

## 1862（文久二）年、土佐の裕福な家庭に生まれ、野に咲く草木と友達だった幼少期。

激動の幕末に現在の高知県の裕福な家庭に生まれた牧野富太郎。幼い頃に両親を亡くし、祖母に育てられた一人っ子であった。友達といえば野に咲く花や草木。おかげで、幼少期より植物へのあくなき探究心が芽生えていた。植物の名前が知りたいと祖母に買ってもらったのが、江戸時代の本草学研究の本である『本草綱目啓蒙』（＊1）。富太郎はこの本と採集した植物を照らし合わせては、姿・形を詳細に描くことに夢中になっていった。

授業が物足らず小学校を中退していた富太郎は、19歳のときに祖母を説得して初上京。上京の目的のひとつが顕微鏡を購入することであった。当時の顕微鏡は非常に高価で、家1軒分の値段だったともいわれる。顕微鏡を手に入れたことでさらに植物の細かい部分まで観察するようになった富太郎は、

歴史メモ

＊1 本草綱目啓蒙【ほんぞうこうもくけいもう】
江戸時代に書かれた、48巻からなる本草学研究書。中国の学者・李時珍の本草綱目について小野蘭山が講義した内容をまとめたもので、動・植・鉱物の和漢名、品種の異同、方言、形状などについて解説されている。

高知じゅうを歩き回り植物を記録し続けた。そして22歳で再び上京して、植物を研究するために東京帝国大学（現・東京大学）の植物学教室の門を叩いた。

## 名もなき青年が情熱と才能で、東京帝国大学の助手に就任。

自らが記録した植物の図説を見せ、猛烈にアピールした富太郎。その図説は、日本の植物学の第一線で研究する教授らを驚かせ、学歴のない地方の青年が、大学にある膨大な資料と標本を自由に閲覧することが許されたのである。そして、熱心に研究を続けていたある日、目に留まったのはかつて高知で採集した植物の標本。大学の資料と照らし合わせてみると、新種であることが判明。日本にちなみ「ヤマトグサ」と命名した。日本人が日本の植物学雑誌で新種として学名を付けた、初めての植物であった。功績が認められた富太郎は、大学の助手として正式に迎えられることになった。

## 研究者としての第一歩を踏み出した
## 牧野富太郎
## 当時（31歳）の年収は、

# How much?

東京帝国大学の助手として正式に迎えられた

当時の年収

⋮

**180円**

今のお金にすると

⋮

**約110万円**

## 当時のお金をみてみよう!

### 1890年年代の物価はどれくらい？

● 3人家族の1ヵ月の生活費の内訳をみてみると、家賃は1円50銭（今のお金で9200円）、米代は5円10銭（3万1000円）、光熱費（薪・炭代）が60銭（3700円）、油代が1銭（60円）、その他3円10銭（1万9000円）で、合計およそ10円31銭（6万3000円）でした。

参考『日本の下層社会』、1893年の消費者物価指数などから計算

解説❷

### 稼ぎは平均の1.5倍でも生活苦!?

牧野博士の年収は180円でした。現在の金額でいうと1100万円ほどです。月収にすると15円（今のお金にすると9万2000円）稼いでいました。当時の3人家族の生活費の平均は10円31銭。額面だけをみると余裕がありそうですが、実家からの仕送りが途絶えたことや植物採集の旅費のほか、高価な専門書をどんどん買っていたので、研究のための費用がかかり、実は生活は苦しかったといわれています。

練馬区立牧野記念庭園・学芸員 田中純子さん

## 1900年、世界を驚かせる植物図鑑を出版。しかし、借金は膨れ上がる？

富太郎は大学の助手を務めながら、やがて日本全国に植物採集に出向くように。北海道から東北、中部、近畿、四国、九州、さらには台湾まで足を運び、各地に生育する多様な植物を持ち帰った。富太郎には「日本の植物をこれでもかというぐらい精密に描いて世界をあっと言わせる」という大きな目標があったのだ。

採集した植物を、できる限り自然なままの姿で記録しようと工夫した富太郎がつくったのは「活《い》かし箱」というガラス張りのケース。採集した植物と水を入れておけば湿度が保たれ、萎《しお》れていた植物も息を吹き返すのである。

ガラス張りのケース
「活かし箱」

牧野富太郎『趣味の植物採集』（三省堂 1935年）より

描いた植物は、葉っぱの一枚一枚、花びらの先に至るまでみずみずしく、生き生きとしていた。さらに驚くべきは、その精密さ。およそ1㎜の中に、細かい毛がビッシリと描き込まれていた。それだけではない。植物の成長段階をそれぞれ図にし、1年の変化をすべて記録していたのである。

そして1900年、ついに『大日本植物志』を出版。富太郎が描いた圧倒的な精度の植物図は世界を驚かせた。しかし、生活は楽になったわけではなかった。子どもが13人にも増えた一家は、富太郎の大学の給料だけでは生活していけず、借金が増えていったのである。だが、妻のスエ（寿衛）はどんなに生活が苦しくとも胸を張り、夫の研究を支え、応援し続けた。各地の植物採集では出張費が足りないこともしばしばで、ついには高利貸しに借金をするまでに。膨れ上がった借金の総額は、今のお金で9000万円。植物学という学問自体も日の目を見ない時代。富太郎は自力でやりくりするしかなく、研究のための本（＊2）を含めて、その代金だけで生涯1億円以上使ったといわれている。

歴史メモ〜

＊2 研究のための本
貴重な洋書の数々は、現在、高知県立牧野植物園に残されている。

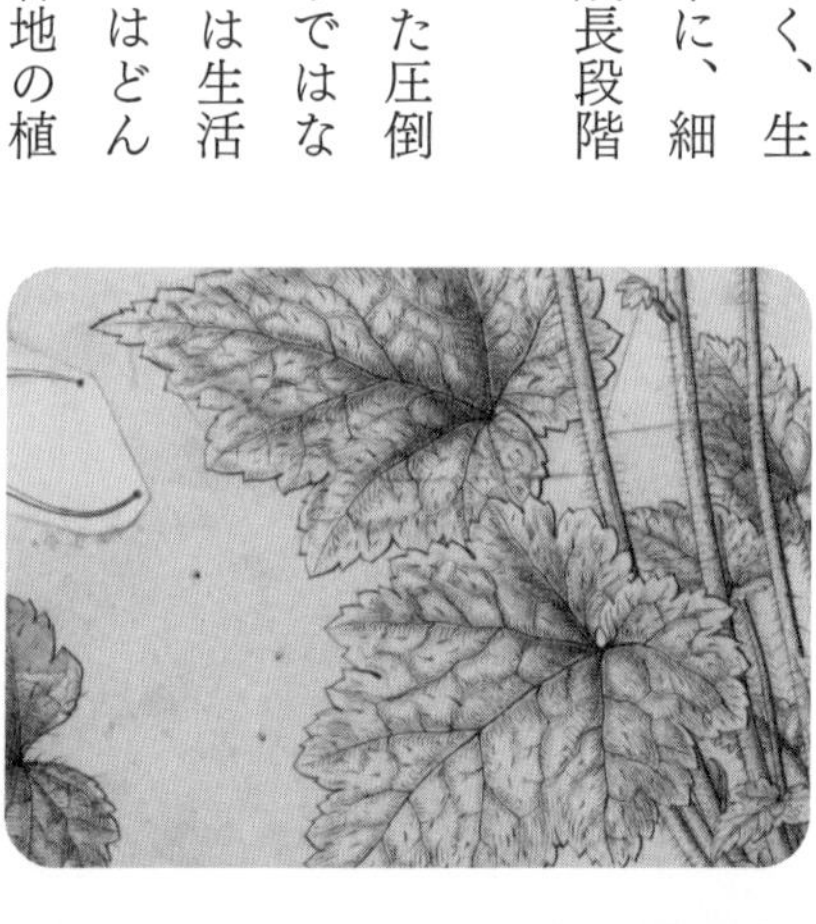
高知県立牧野植物園所蔵

## クラウドファンディングで借金返済⁉

富太郎は膨れ上がった借金返済のため、集めていた大量の標本を海外に売ることを考えるように。しかし、貴重な標本を海外に売ることが、日本の植物研究の大きな損失になるのではと悩んでいた。そんな折、知人の新聞記者からの提案で、借金の現状を世間に伝える記事を新聞に掲載。すると、富太郎の借金を肩代わりしてくれるスポンサーが出現したのだった。

「夫のために、標本館や植物園をゆくゆくはつくってあげたい」と、富太郎を支え続けてきた妻のスエと、喜びを分かち合ったという。

## 全国各地に出向き講師活動で活躍。そして、最愛の妻の死。

借金を返済し生活も落ち着いた富太郎は、植物の知識や魅力を一般の人々にも広めたいと、全国各地の植物同好会を回り、学校の先生や主婦や子どもたちに植物の魅力を伝え歩くようになった。すると全国各地から、珍しい植物が届くようになり、研究も活発化。ほかにも、食べられる植物に注目し、紹介する文章を書くなど、精力的に活動を続けていた。

1928年、富太郎が植物学者人生の集大成ともいえる偉業を成し遂げようとしているさなか、富太郎の研究をひたむきに支えてきた妻のスエが病に倒れ、ついに帰らぬ人となった。自宅に標本館や植物園をつくりたいというスエの夢を果たすべく、富太郎は採集や研究に一層励んだ。

スエが亡くなったこの年、「植物研究雑誌」で、新種の笹が発表された。名前は「スエコザサ」。「常に私の植物研究を支えてくれた亡き妻に捧げる」と命名の理由も書き添えられていた。富太郎は、亡き妻に思いを馳せ、このスエコザサを自宅の庭にそっと植えた。

# 1940年、研究者から子どもまでが楽しめる、富太郎の集大成、『牧野日本植物図鑑』を出版。

愛妻を亡くした富太郎を元気づけたのは、これまでの植物採集の際に交流を持った、全国各地にいる植物愛好家たちだった。彼らとの触れ合いのなかで、富太郎はこれまでのような専門的なものではなく、子どもから大人まで楽しんで読める図鑑をつくろうと決意。「植物にまつわる短いエピソードを盛り込めばもっと面白くなるはず」と考え、膨大な植物の知識のなかから厳選し、誰にでもわかりやすく、親しみやすくなるように、何度も何度も書き直したという。このプロジェクトには多くの研究者たちも参加し、富太郎の思いは大きなうねりとなっていった。

そして、地道な作業を続けること10年…。１９４０年、ついに『牧野日本植物図鑑』が出版された。それは、これまでの研究をすべて注ぎ込み、日本中の植物のおよそ半分にも上る３２０６種類を掲載し、１０６９ページにも及ぶ壮大なものだった。自生している場所や特徴はもちろん、植物に興味を持ってもらえるように、知って楽しいウンチクもたくさん盛り込んだ。例えば、「ソメイヨシノ」には、東京の染井村の植木屋が広めたことが名前の由来になったというエピソードが記されている。富太郎の名前が付いたこの植物図鑑は、見ているだけでも楽しく、観察や研究にも役立つとして富太郎没後も改訂増補を重ね、80年以上たった今でも多くの人に親しまれている。

富太郎は90歳まで植物採集に足を運び、徹夜もいとわず研究を続けた。「植物は人間がいなくても生きていけるが、人間は植物がなくては生きていけない。人間のほうが植物におじぎをしないといけないんだよ」と述べ、自らを草木の精と称し、多くの植物に名前を付けた牧野富太郎。植物の魅力を伝え続けた人生であった。

# 牧野富太郎

## 絶頂期（77歳頃）の年収

# How much?

31歳に助手、50歳で講師となった
東京帝国大学を退職したときの富太郎の年収は…

# 121万円

退職金もボーナスもなく、47年間勤めたのに安すぎるのではないかと新聞記事にもなったほどの年収でしたが、図鑑の印税や原稿料、講演会など、大学講師のほかにも収入源はあったといいます。

# 牧野富太郎のお金年表

## Okane History

| | |
|---|---|
| 1862年 | 現在の高知県高岡郡佐川町で誕生 |
| 1868年 | 富太郎と改名。祖母に育てられる（6歳） |
| 1884年 | 上京。東京帝国大学を訪ねる（22歳） |
| 1893年 | 東京帝国大学で助手となる（31歳） 年収110万円 |
| 1900年 | 『大日本植物志』出版（38歳） |
| 1916年 | この頃、借金9000万円（54歳） 援助に救われる |
| 1939年 | 東京帝国大学の講師を辞任（77歳） 年収121万円 |
| 1940年 | 『牧野日本植物図鑑』出版（78歳） |
| 1957年 | 死去（94歳） |

## 牧野富太郎の人生を振り返って

本人はあまり気にしていなかったのかもしれませんが、お子さんを育てながらの研究には膨大なお金が必要でしたね。それを支えたのが妻のスエさん。植物愛に対しての理解や彼への深い愛情がないと、富太郎さんにはついていけないなと思いました。

高い評価を得た牧野富太郎さんですが、これは一人の業績ではなく、やっぱりスエさんがいたからこそできたことだと思います。お金とは関係ないところで、好きなことに集中することができて、ずっと打ち込んできたからこそ残せた業績なのではないでしょうか。

Inoh Tadataka

Mitsui Takatoshi

人生後半に!?
勇気がわきます

第3章

# 晩年に活躍した偉人

挑み続ける姿は
美しいです！

江戸時代の測量家
Inoh Tadataka

# 伊能忠敬
（1745-1818）

職業　測量家・天文学者・地理学者・商人

性格　パワフル&ファンキーな勉強家

解説❶

## 伊能忠敬ってどんなひと?

伊能忠敬は実測によって日本地図をつくった人として有名ですが、そもそもは地球の大きさを測ろうとしていたのがきっかけでした。幼少時代に夜空を眺めては、「あの星はなんだろう?　ここからどれくらい離れているんだろう」と、人一倍好奇心が旺盛。興味を持ったらとことん突き詰める性格で、算術はすごい速さで上達したそうです。

伊能忠敬記念館・学芸員　石井七海さん

## 1745（延享二）年、千葉の網元の三男として誕生。好奇心旺盛な青年は、17歳で伊能家の婿養子に。

時は江戸時代後期。伊能忠敬は、現在の千葉県で漁師の親方である網元の三男として1745年に誕生。父のイワシ漁をよく手伝う孝行息子であり、幼い頃から興味を持ったことは徹底的に突き詰め、天文学や算術に傾倒した。そんな忠敬が17歳になった1762年、思いもかけず佐原《さわら》村の名家・伊能家への縁談話が舞い込んだ。伊能家は水運業が盛んな佐原村で、代々造り酒屋を営みながら、船で米・薪・炭などを江戸へ運ぶ商いをしていた。伊能家は、算術が得意で孝行息子と評判だった忠敬を、10代目の当主として婿養子に迎えたのであった。

忠敬は50人ほどの使用人を束ねて献身的に働きながら、時間があると伊能家の蔵をのぞいていた。そこには中国の古典や歴史書、百科事典など、10

00冊以上の本が収められていた。なかでも忠敬が夢中になって読んだのが、子どもの頃から大好きだった天文暦学の本である。

## 家業のピンチを救い、商才も開花。伊能家の資産を30年で20倍に！

婿入りから10年ほどたった1772年、佐原に大きな危機が訪れた。財政難の幕府が佐原の水運業に対して新たな税を課すため、「過去の商売の実績を証拠として提出せよ」と要求。忠敬が蔵の中を必死に探したところ、過去の荷物の取扱料や手数料に関する克明な記録を発見。それが証拠として認められたため、佐原の水運業は救われた。

その後、忠敬は商才を発揮する。稼いだお金を多くの人に貸して利息を得るなど、30年余りで伊能家の資産を20倍（＊1）にまで増やした。

お金メモ ＊1 伊能家の資産
忠敬が当主になったばかりの頃の資産は今のお金に換算すると800万円ほどと推測され、それを32年間で16億円にまで増やした。

## 商才を遺憾なく発揮した
## 伊能忠敬
## 当時（49歳）の年収は、

# How much?

商売の記録に残されている利益

1,264両

今のお金に換算すると

6,700万円

### 当時のお金をみてみよう！

**1両《りょう》って今の価値でどのくらい？**

●江戸時代のお金の価値は、前期・中期・後期・幕末で異なります。江戸後期の1両は、米の相場などから換算すると今のお金で5万3000円。

**当時の職業ごとの年収はどのくらい？**

●有名医師が450両（今のお金で2385万円）、武士が30両（159万円）、大工が26両（138万円）。ほかの職業と比べると、6700万円がいかに高給だったのかがわかります。

解説❷

### 抜群の商才で大成功！

当時の伊能家は、佐原の商人のなかでもトップクラスの収入があったと考えられます。忠敬が49歳のときの商売記録「店卸目録帳」には、利益が1264両だったという記録が残されています。内訳は、米が231両、酒が371両、利息で450両など。この金額を今のお金に換算すると、6700万円ほどと考えられます。

伊能忠敬記念館・学芸員 石井七海さん

## 50歳の忠敬は、子どもの頃からの夢を叶えるために、天文学を学びに江戸へ。

商才を発揮していた忠敬だが、子どもの頃からの天文学好きは変わらず、いつか正確な暦《こよみ》をつくりたいと思っていた。当時の暦は中国から伝わったもので、暦に記された日が翌年にずれてしまうことがあった。暦がずれると農業や商業に影響が出るため、西洋の天文学を勉強して、もっと正確な暦をつくりたいと思ったのだ。

1795年、50歳になった忠敬は、店と3万両ある財産のうち1万両を息子に渡し、残りの2万両（今のお金で10億円以上）を使って、第二の人生をスタートさせた。

忠敬が向かったのは江戸。星を観測して暦をつくる幕府の役所・暦局《れききょく》が浅草にあったからだ。そして天文学の第一人者で19歳も年下の高橋至時《よしとき》に弟子入りする。

当時、地球が球体であることは知られていたが、大きさまではわかっていなかった。緯度1度分の長さがわかれば、それを360倍することで地球の大きさがわかることを知った忠敬は、天体観測で自宅のある深川と、暦局のある浅草との緯度の差を調べた。この距離を測って計算すれば地球の大きさが導き出せると考えた忠敬は、歩いて測る「歩測《ほそく》」という方法で調べ始める。重要なのは常に歩幅が一定であること。来る日も来る日も訓練して、1歩69㎝で歩けるようになった。何度も歩測で確認した結果、自宅と暦局の距離は2482mと判明。忠敬は、得意の算術で計算し、地球1周の距離が3万6000㎞と導き出した。しかし師匠の至時に、「自宅から暦局までては近すぎて誤差が大きく出るから、蝦夷地《えぞち》（現・北海道）までの距離を測るくらいでないとダメ」と言われ、測量の許可を得て蝦夷地に行くことになった。

## 蝦夷地への測量旅。費用の約9割を忠敬が負担。

1800年6月、幕府の許可を得た55歳の忠敬は5人の測量隊員を率いて江戸を出発。69㎝の歩幅で一歩一歩、確実に、蝦夷地に向けて歩みを進め始める。その道のりは840㎞。早朝から日暮れまで歩いても、1日40㎞進むのがやっとだった。

江戸を出発して30日目。忠敬一行は海を渡り、ついに蝦夷地に上陸！　測量のポイントは方角と距離を正確に測ること。まずは、磁石を使って目標の地点の方角を測り、次に歩測で距離を測った。これを繰り返すことで海岸線の形を明らかにしていった。

しかし蝦夷地に上陸して43日目、最大の難所が立ちはだか

る。高さ60mもの断崖絶壁、襟裳岬《えりもみさき》だった。忠敬はこのときの苦しさを「草鞋《わらじ》を替えの分まで履きつぶし、最後は素足で歩いた。日も暮れて、灯が見えたときは、地獄に仏の気分だった」と日記に記している。

江戸を出発して4ヵ月。蝦夷地には厳しい冬が近づいていた。忠敬は現在の釧路付近でやむなく測量を断念。しかしこの測量の旅でつくった地図は、幕府から高い評価を得た。

往復180日間にも及んだ測量の旅、測量器具などの準備にかかった費用が371万円。1日にかかった費用が、40km歩くと人足2800円。宿代は1日あたり1300～2000円ほどかかっており、ほかに馬代なども含めて総額およそ900万円。このうち幕府の負担は120万円で、残りの780万円は忠敬が負担していた。幕府からの援助が少なかった理由は、忠敬が商人上がりでどのような地図がつくれるのか、何の保証もなかったためと推測されている。

## 信念に忠実に歩き続けた人生。すべては後世の人々のために。

180日にも及ぶ測量の旅で、当初忠敬が知りたがっていた地球の大きさが判明する。計測により導き出した緯度1度の距離は110・7km。これを360倍すると、地球一周の長さは3万9852kmであった。実際の地球一周は約4万km。つまり、忠敬の歩測による計測は、誤差がほとんどなかったのである。

蝦夷地の地図が高い評価を受けた忠敬は、次に幕府からの依頼で581日間もの測量を経て東日本の地図をつくり、さらに西日本の地図のための測量も引き受けることにした。

1805年3月。60歳になった忠敬は、測量距離2万7360km、隊全体の旅行距離3万2052kmに及ぶ西日本測量

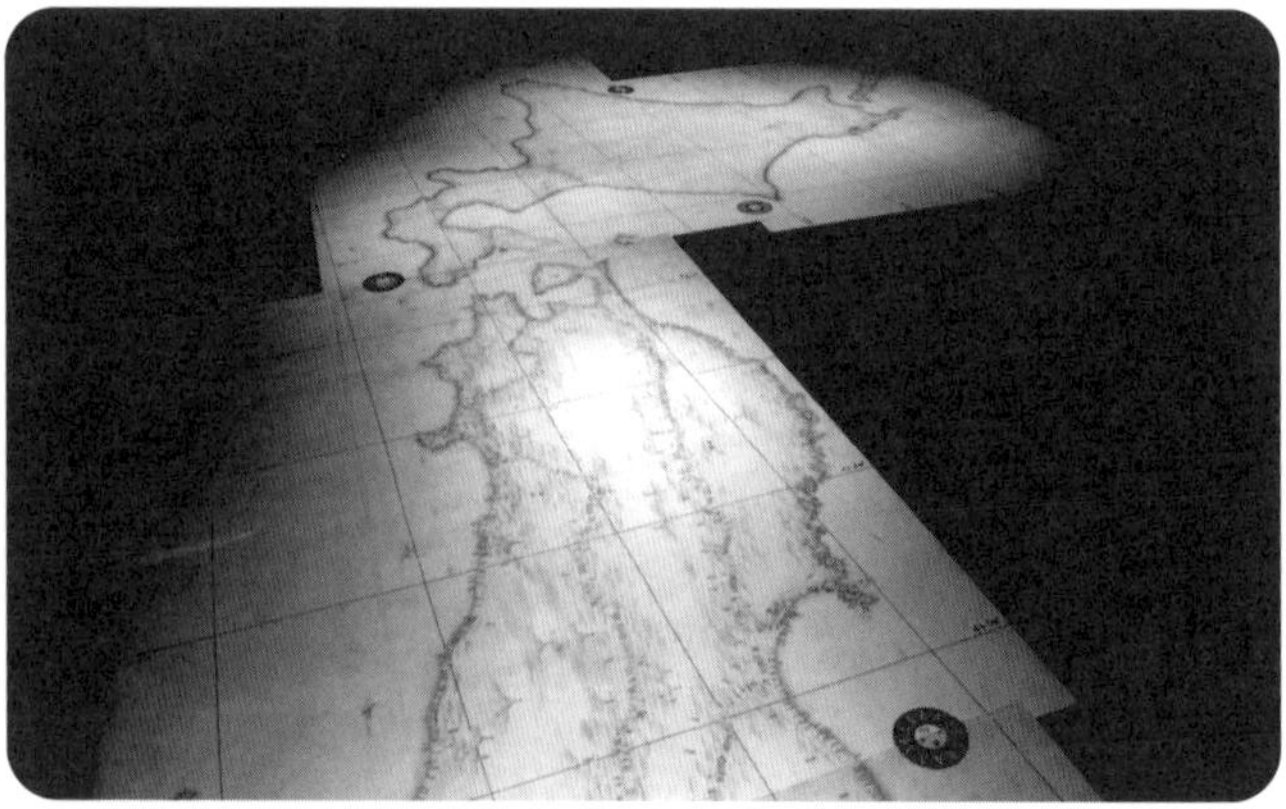

大日本沿海輿地全図／伊能忠敬記念館所蔵：無断流用禁止

の旅に出発。今度の仕事は、幕府の直轄事業として費用はすべて幕府持ち。測量隊も20人ほどに増え、これまでよりも精密な測量が可能となった。しかし同年7月、現在の三重県で、どうやっても歩けない入り組んだ地形の難所に遭遇。隊員から「ほんのちょっとの距離、想像で地図を埋めてもいいのでは?」と提案されるものの、忠敬は実測した通りに正確に地図に表すことこそが最も大切だという姿勢を崩すことはなかった。旅を始めて449日目、現在の山口県で、忠敬の身に深刻な異変が起こる。高熱を出し、倒れてしまったのだ。続いて四国でも持病の喘息が悪化することがあった。それでも地図をつくり上げることに執念を燃やした忠敬は、終盤、家族に宛てた手紙に、測量に懸ける気持ちを次のように綴っている。

「誰も成し遂げたことのない全国測量の仕事を任されたこと。これこそ天命と言うべき」

幕府のためでも、自分のためでもない。地図づくりは「後世に生きる人々のため」と考えていたのだった。

忠敬は7年の歳月をかけて、ついに西日本の測量も終わらせた。残るは伊豆七島と、かつて測量を中断した蝦夷地を残すのみ。しかし、測量を続ける体力はもう残っていなかった。1818年、忠敬は志半ばで他界。73歳であった。

忠敬の死から3年、弟子たちによって完成した地図が第11代将軍・徳川家斉《いえなり》のもとに届けられた。忠敬が55歳から17年の歳月をかけ日本じゅうを歩いて集めた実測データをもとに作成した「大《だい》日《に》本《ほん》沿《えん》海《かい》輿《よ》地《ち》全《ぜん》図《ず》」である。驚くべきはその精度の高さ。現在の地図と比べても見劣りすることなく、忠敬の日本地図はのちに軍事用から教育用に至るまで幅広く使われ、その後、近代国家に生まれ変わる日本の発展を支えたのだった。

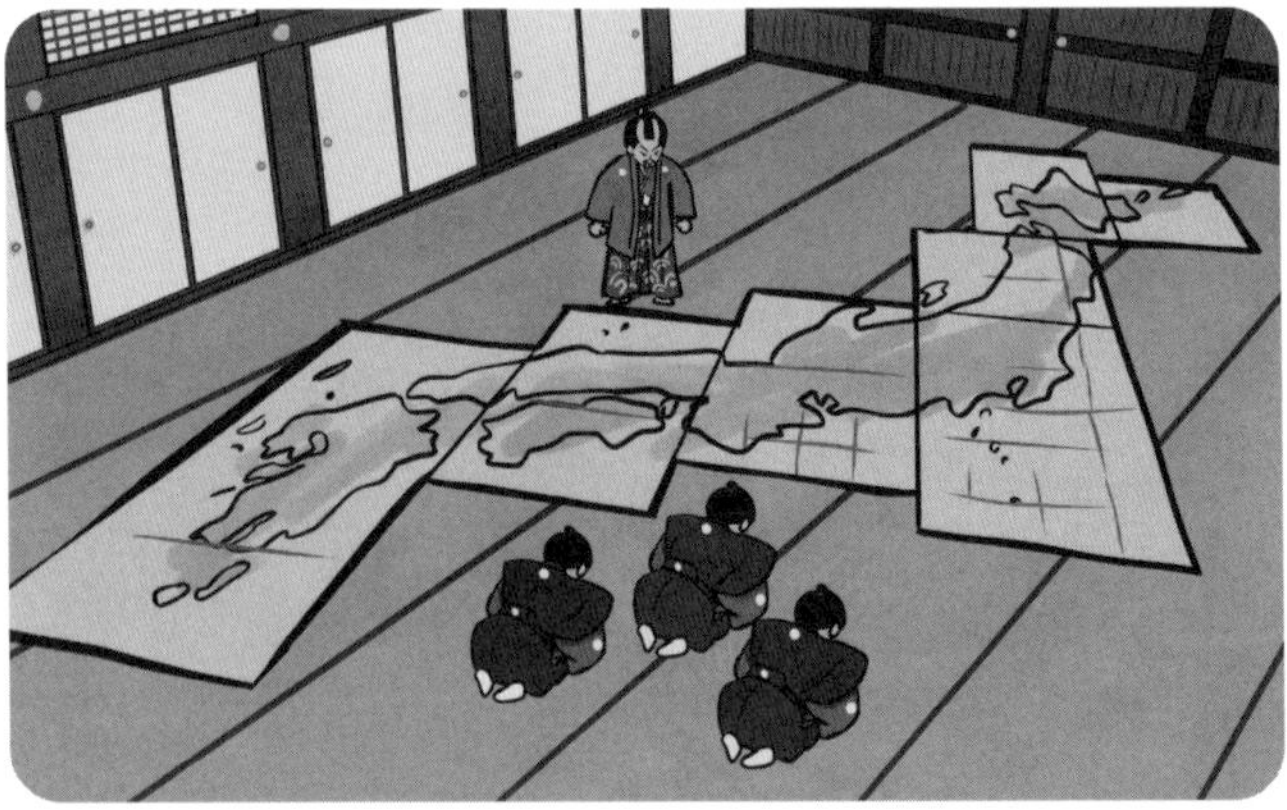

# 伊能忠敬

## 絶頂期（60代）の年収

How much?

幕臣となり国家プロジェクトを率いたときの年収は…

# 254万4,000円

忠敬は幕臣ではあったものの、下から2番目の階級だったため、年収はそこまで高くありませんでした。給金が18両、特別手当が30両で、合計48両でした。

# 伊能忠敬のお金年表

## Okane History

| | |
|---|---|
| 1745年 | 現在の千葉県九十九里町で誕生 |
| 1762年 | 伊能家に婿入り（17歳）　伊能家の資産8000万 |
| 1794年 | 商才を発揮　年収6700万円、伊能家の資産16億円<br>家督を息子に譲り引退（49歳） |
| 1795年 | 1万両を息子に譲り江戸へ（50歳）<br>第二の人生のための資金10億円以上 |
| 1800年 | 第一次測量：蝦夷地の測量（55歳）<br>経費900万円のうち780万円を負担 |
| 1805年 | 第五次測量：西日本の測量を開始（60歳）<br>年収254万4000円 |
| 1818年 | 死去（73歳） |

## 伊能忠敬の人生を振り返って

もしも現代に伊能忠敬さんが生きていたら、民間の宇宙事業に投資して、ロケットに乗って宇宙に行っていたと思うんです。宇宙に行って地球を見てやるくらいの人だったと思うので。好奇心を絶やさない大人って素敵です！

第二の人生でもう一回生き直そうと思ったときに、こんなにやりがいのあることと出合えた伊能忠敬さんは、とても幸せな方。まさに時代のなかで一歩も二歩も進んだパイオニア。素晴らしい冒険をされた方だと思います。

越後屋の創業者、
江戸の大商人

Mitsui
Takatoshi

# 三井高利（1622-1694）

職業　商人

性格　サービス精神旺盛

解説❶

## 三井高利ってどんなひと？

三井高利といえば、越後屋の創業者であり江戸の大商人。「お客が喜べば店は賑わい、儲けは自然とついてくる」といった〝お客さん第一〟の母の考えを受け継いで、サービス精神が旺盛。時代劇の越後屋＝悪人というイメージとは真逆で、自分が贅沢をするためではなく、たくさんの人に喜んでもらうための商売を行い、江戸時代に暖簾を勝ち得ます。

摂南大学・教授　武居奈緒子さん

## 1622（元和八）年、現在の三重県松阪市に誕生。母の背中を見て育ち、自分らしい商売のあり方を模索。

戦国時代が終わり、日本が平和になり始めた1622年。三井高利は、現在の三重県松阪《まつさか》市に誕生。松阪は京都・大阪と江戸をつなぐ交通の要所で、人とモノが行き交うことから商人の町として栄えていた。高利の家も酒や味噌を売る商人。物心がついたときから商売が身近なものであり、そんな彼に影響を与えたのは〝お客さん第一〟という母の考えだった。

当時、江戸は日本の中心地として、経済成長の真っ只中。ビジネスチャンスをつかみに、多くの商人たちが江戸に店を開き始めていた。高利の兄・俊《とし》次《つぐ》が開いた呉服屋もそのひとつ。14歳になった高利は、兄のもとで商いを学ぶため江戸に向かい、見習いの「丁稚《でっち》」として働き始めた。店の掃除から在庫の整理など、なんでも屋の雑用係である。ひと通りの経験を積んだあと、高利は商品の販売を担当する役職「手代《てだい》」に昇格した。

この頃の販売方法は、武士の家へ訪問販売をする「屋敷売り」。代金は年に2回まとめて貰うツケ払いの「掛売り《かけうり》」が基本だった。しかし、ツケの支払いから逃げられることもたびたび。ツケの回収が遅れると売上が立たず、次の仕入れや経営にも影響が出る。そこで、高利は顧客の生活や経済状況を調べ上げ、踏み倒されないタイミングを見計らってツケを回収する方法を考案。このようにして手代のなかでもメキメキと頭角を現していったのだった。

しかし、せっかく苦労して稼いだお金を、兄・俊次は湯水のように使ってしまうのであった。贅沢をすることは商人にとっては成功の証《あかし》。大きく儲けた商人たちはみな、こうした生活を送っていたなかで、高利は考える。

「贅沢をしたいから商売をするのか？　母上のようにお客を喜ばせてこそ商売じゃないのか？」

次第に、高利は自分らしい丁寧な商売を模索し始めるようになった。

兄のもとで手代として活躍していた
三井高利
当時（17歳）の年収は、

How much?

給料

0両

今のお金に換算すると

0円

### 当時のお金をみてみよう！

**当時の商人の給料はどれくらい？**

- 給料という制度はなく、主従関係の中で働いていた手代や従業員たちは、住み込みが基本。衣食住は店が用意するため、生活費の負担はゼロ。その後、年に1回の小遣いを支給され、自由に使えるようになった。

**奉公人の将来設計は？**

- 今でいう退職金（10年勤務で50両。今のお金で500万円）を辞めるときに貰えていたことがわかっている。

解説❷

### いつかは独立！雇われ商人の夢

兄の店で手代として働いていた頃の高利の年収に関する史料は残っていませんが、当時は手代についての給料体系がまだ確立されておらず、

給料は0円であったと考えられます。住み込みのため、生活費は必要ありませんでした。しかし、退職金は支給されたため、それを元手に独立（暖簾分け）し、新しく自分の店を開くジャパニーズ・ドリームがありました。

摂南大学・教授 武居奈緒子さん

## 1673年、一度は追い出された江戸で「三井越後屋呉服店」を創業。

人々に喜んでもらうための商売がしたい高利は、方向性の違いから28歳で兄のもとを追い出される。さらに江戸で商売することも禁じられ、松阪へ戻り、商いを続けてきたが、52歳になった高利に届いた兄の急死の一報が転機となった。「悲しいが、これでなんの気兼ねもなくなった…」と、高利は葬儀が済むと子どもたちとともに江戸に向かい、江戸随一の呉服街・本町《ほんちょう》（現在の東京・日本橋）に、小さな店を開いた。「三井越後屋呉服店」の誕生である。

江戸の店は次男に、長男には絹織物の一番の産地である京都に開いた仕入れ店を任せ、自身は松阪に残ってそこから指示を出し采配を振ることにした高利。子どもたちには、「町のどんな小さな噂話でも報告すること。そこに商売のヒントがあるかもしれない」と伝えていた。するとある日、「長屋住まいの女性が『自分たちも新品の着物を着たい』と話していた」と手紙が届いた。庶民は、これまで着物は古着を買っていたが、江戸の町が活気づくなか、収入も増え、購入意欲が高まっていたのだ。

## 武士だけではなく庶民もターゲットに。高利が目指したのは誰でも呉服が買える店。

高利は武士相手の訪問販売ではなく、誰でも買えるよう店舗を構えた販売を開始。さらには「ツケ払い」もやめ、その場で現金払いにしたことで、踏み倒されるリスク分を価格に乗せる必要がなくなり、安く売ることが可能になった。高利の戦略は、「安くて適正な価格を追求」(＊1)することであった。

安さの追求は、仕入れでも工夫。織りに少しムラができてしまった引き取り手のない品や、型落ち品などを大量に仕入れ、コスト削減を図ったのだ。現在のアウトレットの先駆けである。お客を喜ばせる高利の商いによって、買い物が庶民のエンターテインメントへと変化していったのである。

お金メモ
＊1 それまで値段は交渉で決まっていたが、商品に「値札」を付け、誰でも同じ値段で買えるという「定価販売」を始めたのも、高利のアイデアであった。

## 誠実な商売を続けた結果、幕府御用達店へと昇格し、名声を手にする。

「三井越後屋呉服店」は開業から10年で売上は今の価値で24億円になり、着実に富を蓄積。しかし、成功を妬んだ同業者から、デマを流されたり脅迫されたりするなどの嫌がらせにあってしまう。業界から目の敵にされた高利だったが、「誠実に商売を続けるしかない」と、じっと耐えていた。すると、幕府から「越後屋で呉服を買いたい」との声が掛かったのだ。こうして、幕府御用達の店になったことから嫌がらせはなくなっていく。

越後屋を成功させ、ひいきにするお客を獲得した高利は、新たなビジネスに乗り出すことに。呉服業で稼いだお金を資金に、「両替商」の開業に投資したのだ。越後屋では呉服を京都から仕入れていたが、実は当時、江戸と上《かみ》方《がた》では通貨が違っており、上方に代金を支払うときは金を銀に交換するために両替手数料が必要であった。高利は自ら両替商も営むことで、さらなる富の蓄財に成功する。金融業は、現在の三井住友銀行につながる。

順調に商売を広げる高利に、息子から「ある商人が、江戸から京都にお金を運ぶのはとても大変だと話していました」という、町の声が届いた。銀行がなく、商売などの大きな金額を動かす際には、お金そのものを運ぶ必要があった時代。移動に何日もかかるうえ、街道を行く飛脚が盗賊に襲われるリスクもあり、不確実であった。

そこで、盗難に遭うリスクと、現金を運ぶ人手のコストをなくそうと考え、高利が目を付けたのが「為替《かわせ》」の仕組みだった。江戸の商人が上方の商人にお金を送るとき、越後屋にお金を払い、代わりに金額と宛先を書いた紙を受け取る。この紙は「為替手形」と呼ばれ、これを上方の商人に送るのだ。そして、為替手形を越後屋の京都店に持って行くと、両替して現金を渡してくれるシステムを考案した。紙切れ一枚で信用が保証される便利な方法であった。

ほどなくして、越後屋は金融業でも幕府の御用達となり、幕府から莫大なお金を一定期間無利子で借りることが可能になり、ゆるぎない地位を築く。

「このお金は寝かせておいてはもったいない。必要な人に貸してあげよう」

こうして高利は「融資」も手掛け始めるのだった。当時の江戸はバブル真っ只中。新たに商売を始めようとする人が増えていたため、融資をして資金面で支えようと考えたのだった。工業化しなくても、商人が日本経済の活力を高めていた。

## 人々に喜んでもらい、役に立つ〝お客さん第一〟の商売を。

こうして呉服業と金融業の両輪で、相乗効果を発揮し、歴史に名を残す大商人へと上り詰めた高利だったが、年齢が70

歳を超え、次第に体力は失われていった。

晩年に子どもたちを呼び、枕元で伝えたのは、「人々が喜ぶ商いをすれば、いずれ儲けは必ずついてくる。決して目先の利益ばかりを追求してはいけないよ」という、母の教えであった。どうか力を合わせ、世のため、人のためとなる商いをしてもらいたいと、商人としてあるべき姿を説いたのだった。

14歳で商人としての道を歩み始め、およそ60年。1694年に高利は73歳で生涯を終えた。

高利の死後、子どもたちはその意志を継承し、事業をさらに広げていった。そして1904（明治37）年、三井越後屋は、日本初の百貨店「三越」へと姿を変えたのである。越後屋が江戸に開業して、350年余り。高利の企業家精神やエンターテインメント化した買い物の風景は、普遍的な価値として現代へとしっかりと受け継がれている。

三越創業350周年を記念して期間限定で
越後屋の看板が掲出された（放送当時）

# 三井高利

## 絶頂期（73歳）の年収

# How much?

江戸時代の大商人・三井高利、
絶頂期の年収は…

# 3,000万円

　晩年、高利は経営に携わる家族それぞれに役員報酬を決めており、自身は銀15貫で3,000万円。長男の高平も同じ額を貰っていたそうです。儲けは投資や商売の拡大につなげ、自分の贅沢のためには使わないという考えだったようです。

# 三井高利のお金年表

**Okane History**

| | |
|---|---|
| 1622年 | 現在の三重県松阪市で誕生 |
| 1635年 | 江戸に出て、兄の店に奉公（14歳） 年収0円 |
| 1649年 | 松阪へ帰郷（28歳） |
| 1673年 | 江戸・本町に「三井越後屋呉服店」を開店（52歳） |
| 1683年 | 両替商を開業（62歳） 店の売上24億円 |
| 1694年 | 死去（73歳） 年収3000万円 |

三井高利の
人生を
振り返って

先々、自分が亡くなったときに三井家がどうなるかということを考えて行動をするなど、先を見る力がすごいですよね！

ここまで質素にずっと倹約してきたからこそ、三井という家が大きくなって財閥になったのかもしれません。あれだけバイタリティがあって、仕事として成功して、社会にも貢献して。本当にすごかったですね！

Higuchi Ichiyo
Noguchi Hideyo
Tsuda Umeko
Katsushika Hokusai

まさに日本を代表する顔！

# 第4章 日本の紙幣にまつわる偉人

偉大な功績を残していますね

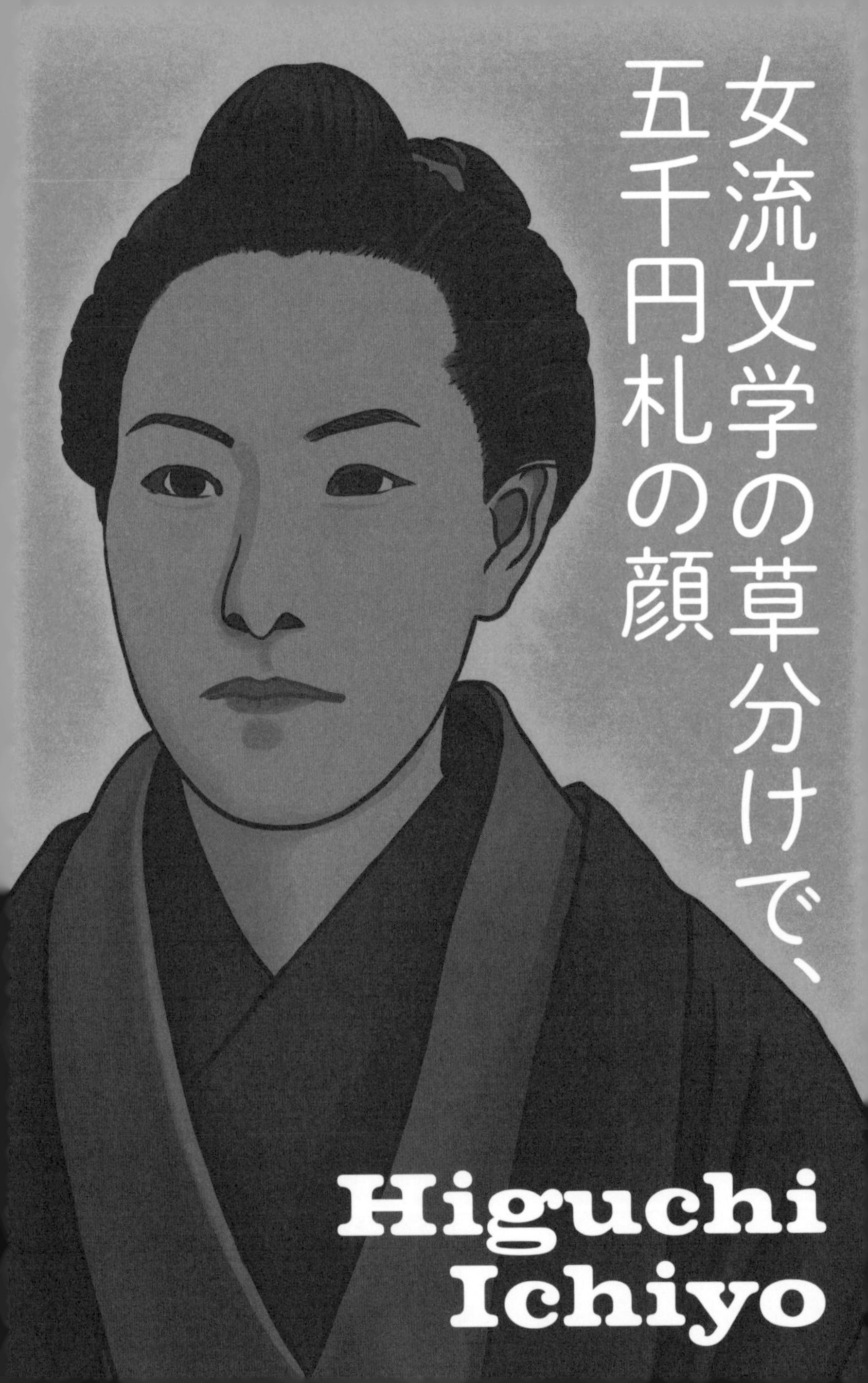
女流文学の草分けで、
五千円札の顔
Higuchi
Ichiyo

# 樋口一葉
# (1872-1896)

職業　小説家

性格　責任感が強く頑張り屋

解説1

**樋口一葉ってどんなひと?**

裕福な家庭に生まれ、幼少期より才能を開花させていましたが、若くしてとても貧しい境遇に陥ることに。大変苦労しましたが、その苦労を作品に昇華させた人生を送りました。

森鷗外《もりおうがい》をはじめ名だたる小説家たちも絶賛した、日本文学史に残る名作『たけくらべ』が代表作。明治・大正・昭和と、一葉の表現を参考にした作家は数多くいます。

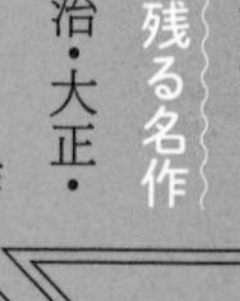
国文学研究資料館・准教授　多田蔵人さん

## 1872（明治五）年、東京で誕生。才能にあふれ、本が大好きな子ども時代。

時は明治時代、1872年に樋口一葉は裕福な家庭に誕生。人一倍読書が好きだった一葉は、親の目を盗んでは夢中になって本を読んでいたという。学校での成績は一番だったが、「男性は仕事、女性は家庭」というのが常識だった時代。11歳のときに家事の見習いをするために小学校を退学させられてしまう。一葉は仕方なく家事を手伝いながら、勉強に励んでいた。そんな勉強好きな娘の姿を見かねた父が、一葉を和歌の塾「萩《はぎ》の舎《や》」に通わせる。この塾は「女性としてのたしなみ」のひとつとして、主に上流階級の女性たちが和歌を学ぶところであった。

塾の中で最年少の一葉は、書道や古典、和歌など、さまざまなことを学んでいった。入塾して半年後、塾生60人による和歌の発表会で、一葉は10点満点で一番を取り（＊1）、周囲を驚かせたのだった。

歴史メモ

＊1 一葉が詠んだ和歌

「打ちなびく　やなぎを見ればのどかなる おぼろ月夜も風は有りけり」

（風になびく柳の枝はのどかだけれども、穏やかなおぼろ月夜にも風が吹いているのだなあ）

おぼろ月夜と柳ののんびりした景色のうちに見えない風を感じとる、感覚のこまやかな歌である。

## 人生が一変。17歳で家族の大黒柱に。

歌塾に通い始めてからわずか半年で才能の片鱗を示した一葉。しかし、このあと、人生が一変する出来事に襲われるのであった。

兄が結核で亡くなり、さらに父は事業に失敗、多額の借金を残したまま病でこの世を去ったのである。樋口家は跡継ぎの男性がいなくなり、まだ17歳だった一葉が「戸主《こしゅ》」として家族を養うことに。収入が途絶え、借金まで抱えた樋口家は、屋敷を売り払い、長屋へ転居。さらに、当時は女性が就くことのできる仕事は限られていたため、一葉は母と妹とともに、着物の仕立てや洗濯などの内職で、生計を立てていくほかなかった。

裕福な生活から、いきなりどん底に転落した一葉。10代後半の頃の年収は24円。今のお金にすると、およそ17万8000円（＊2）であった。樋口家3人でフルに働いても年収約53万円。かなり苦しい生活だった。

お金メモ

＊2　17万8000円の内訳
1日の洗濯でおよそ150円。着物1着を仕立てておよそ610円。1ヵ月働いても1万5000円にもならなかった。

## デビュー作の原稿料は0円！

ある日、一葉は新聞小説を書いていた作家、半井桃水《なからいとうすい》の門を叩いた。女性が作家として活躍する難しさを覚悟したうえで、お金を稼ぎたい一心で半井に弟子入りを申し出たのだった。小説を書いては持って行き、半井の指導を仰ぐ日が続いた。「いろいろな人の作品を読んで勉強することが大事」。そう教えられた一葉は、内職の合間に図書館に通い、物語をつくり続けた。

そして半年後、ついに半井が創刊した同人誌「武蔵野」に一葉の恋愛小説（＊3）が掲載されることに。しかし、マイナーな同人誌だったこともあり、デビュー作は読者の目に留まることはほとんどなかった。さらに、原稿料は0円。同人誌が売れたら原稿料が支払われる約束だったからである。

そんな一葉に、追いうちをかける出来事が起こる。半井と一葉が恋人同士なのではないかという噂が流れ、一葉自ら師弟関係を終えたのだった。

歴史メモ〜＊3 恋愛小説
タイトルは「闇櫻（やみざくら）」。兄妹のような男女の恋を描いた物語であった。

## 小説を諦め、駄菓子屋に転身!?

新しい題材を探していた一葉は、幸田露伴《こうだろはん》の小説「風流仏」（＊4）に影響を受け、陶芸の世界を描こうと決意。職人のもとを訪ね、繊細な技術だけでなく作品づくりに懸ける心情までも深く取材した。そしてついに代表作のひとつでもある「うもれ木」を発表。利益を追わず、作品づくりに情熱を燃やす芸術家の姿を描いたこの作品は「芸術家の志を巧みに描いている」と高い評価を受けた。一葉、20歳の快挙である。原稿料は11円75銭、今のお金にすると8万7000円であった。しかし、その後も収入は伸びず、樋口家の生活苦が改善されることはなかった。

当時の1年間の原稿料収入は、4作品で29円15銭、今のお金で約21万600円（＊5）。一家が暮らしていくには足りなかった。一葉は、原稿料に期待することをやめ、駄菓子屋を開店。しかし、家族の暮らしを楽にしたいと始めた駄菓子屋も儲けは少なく、結局10ヵ月で閉じることになった。

歴史メモ
＊4 風流仏
【ふうりゅうぶつ】
長野県を旅する若い仏像彫刻家の悲恋を描いた作品。

お金メモ
＊5 当時の原稿料
当時の小説100ページの原稿料は今のお金で、森鴎外が約22万円、幸田露伴が約15万円、夏目漱石が約30万円と、それほど高くはなかった。

## 逆境をバネに生まれた「たけくらべ」

貧しさゆえに思うようにならないもどかしさを、小説を通じて伝えようとした一葉。22歳で書き上げた「お金」をテーマにした作品「大つごもり」（＊6）で注目された一葉は、「私はもっと貧しい人も、自由を奪われた人も見てきた」と、駄菓子屋時代に住んでいた吉原界隈を次の作品の舞台にした。

1895年1月。月刊文芸雑誌「文学界」で、ついに「たけくらべ」の連載がスタート。吉原に生きる子どもたちが大人への階段を上る青春群像劇である。幸田露伴や森鴎外など、辛口な批評で有名な作家たちからも大絶賛され、異例の大ヒットを記録。その後の一葉は水を得た魚のように、次々と作品（＊7）を生み出し続けた。

しかし、病が一葉を襲う。当時、不治の病といわれていた結核であった。苦労をともにした家族に見守られながら、息をひきとった一葉、24歳であった。一葉は亡くなる間際まで、筆を離さなかったという。

歴史メモ

＊6 大つごもり
女中のお峰を主人公に、大みそか近辺の出来事を通して、貧しい人々が背負っていかねばならない人生を描き出した作品。

歴史メモ

＊7 作品
「軒もる月」や「にごりえ」など、わずか14ヵ月で11作品を書き上げ、のちに、文学史に「奇跡の14ヵ月」といわれる金字塔を打ちたてた。

# 樋口一葉

## 絶頂期（24歳頃）の年収

How much?

「たけくらべ」を書いた頃の絶頂期の年収は…

**99万3,000円**

「たけくらべ」の頃から、収入はぐっと右肩上がりに。ただし家族3人の1年間の生活費は約93万円。多くの作品を発表した奇跡の14ヵ月といわれたときでも、原稿料では、3人分の生活費しか稼ぐことはできませんでした。

# 樋口一葉のお金年表

## Okane History

| | |
|---|---|
| 1872年 | 現在の東京都千代田区で誕生 |
| 1886年 | 歌塾「萩の舎」に入門（14歳） |
| 1889年 | 一家の大黒柱に（17歳） 年収およそ17万8000円 |
| 1892年 | 処女作「闇櫻」が同人誌「武蔵野」に掲載（20歳）<br>原稿料ほぼ0円（新聞に載った短い小説の原稿料だけ） |
| 1893年 | 駄菓子屋を始める（21歳） 月2万8000円の儲け |
| 1895年 | 「にごりえ」「たけくらべ」が「文学界」に掲載（23歳）<br>年収99万3000円 |
| 1896年 | 奇跡の14ヵ月を過ごすも、結核により死去（24歳） |

小説家で
稼ぐのは難しい

## 樋口一葉の人生を振り返って

一葉の人生のうち、作家生活はわずか4年で終わってしまったんですね。でも、後進の作家たちに影響を与えた年月がとても長い。それだけ素晴らしい作品をたくさん残した証拠ですよね。

女性活躍が叫ばれているなか、日本の女性、そして文学界で礎を築いた、まさに象徴的な存在なんでしょうね。大作家で、しかも五千円札になった人ですから！

千円札の顔にして、
金銭感覚はゼロ！
Noguchi
Hideyo

# 野口英世
(1876-1928)

職業 医学者・細菌学者

性格 お金に無頓着な、不屈の精神の持ち主

解説1

野口英世ってどんなひと?

感染症の研究に取り組んだ医学者として功績を残し、千円札の肖像にもなりましたが、実際の英世は金銭感覚がありませんでした。散財を繰り返す英世でしたが、医学への情熱は人一倍。生涯を細菌との闘いに捧げ、多くの人々を救いました。「一番肝心なのは、あきらめないということだ。どん底だからこそ這い上がるんだ」という言葉を残しています。

野口英世記念館・学芸員 森田鉄平さん

## 1876（明治九）年、福島で誕生。大やけどをきっかけに、医学の道を志す。

野口英世は福島県耶麻郡三ツ和村（現・猪苗代町）で、貧しい農家に生まれた。大酒飲みで稼いだお金をすぐに使ってしまう父のもとで、英世の母は苦労していた。英世が1歳半のときに手指に負ったやけどが原因で、学校でいじめられても、「勉強で負かしてやれ！」と言葉を掛けるような、逆境にも立ち向かう強さを持った母であった。そのときのひと言がきっかけで、英世は勉強に目覚めることに。あっという間に成績はトップになり、高等小学校に進学すると、大きな転機が訪れる。アメリカで医学を学んだ医師によって行われた手術により、やけどで癒着していた手指が、ものを挟めるまでに回復したのだ。手術に感動した英世は、医学の道に進むことを決意。高等小学校をトップの成績で卒業すると、1893年、16歳で病院に住み込みで働きながら医学の勉強を開始。3時間の睡眠で、医学書を読むために英語・ドイツ語・

フランス語をほぼ独学で習得。そんな英世の才能に目を留めたのは、英世を生涯支えた大恩人、東京の歯科医師・血脇守之助《ちわきもりのすけ》であった。

## 東京で現れた、金遣いの荒さと天才の片鱗。

1896年、血脇に出会った1ヵ月後、19歳の英世は恩師や友人からの餞別《せんべつ》にもらった40円（今のお金にすると約15万円）を握りしめて東京へ向かった。しかし、花の都・東京で、すっかり浮足立ってしまい、金銭感覚のなさが姿を現す。生活費（食事、下宿代）や教科書代など後先考えずに、わずか2ヵ月ほどでお金を使い果たしてしまったのだ。

そこで英世は「頼れる人は血脇先生だけ」と、一度会っただけの血脇を訪ねることに。英世の才能を認めていた血脇は、下宿代に加え、試験勉強のための学費までも援助する。その額、今のお金で月5万7000円。

おかげで勉強に専念することができた英世は、20歳にして医術開業試験に見事一発で合格。翌月には血脇の紹介で順天堂医院に就職し、医学者としての第一歩を踏み出したのであった。その当時の英世の月収は約2円（＊1）。今のお金で年収にすると、9万1200円。

## 行動力で、道を切り拓き続けフィラデルフィアで運命の扉を開く。

1899年、22歳の英世は日本を視察に訪れたアメリカの病理学者・フレクスナー教授の通訳を務めることに。そこで海外留学の足掛かりをつくり、アメリカ留学を決心。それから1年半、英世は渡米費用として500円（今のお金で190万円）をかき集めるも、アメリカ出発の数日前に、自ら主催した送別会で散財。お世話になった同僚数十人を招待し、宴もたけなわになった頃、女将から渡された請求額は、470円（今のお金で178万円）というとてつもない金額。悩んだ英世は、懐に入れていた渡米資金500円から支

＊1 月収2円
当時の小学校教師の月収は8円。野口はその4分の1だったが、住み込みでまかない付きだったため、困ることはなかった。

お金メモ

払うことに。そして再び頼ったのが、血脇だった。

英世の才能を信じている血脇は、高利貸しに借金をしてまで英世のために渡米資金を調達。こうして英世は海を渡り、アメリカ東海岸の街・フィラデルフィアへ。

到着後、すぐにフレクスナー教授を訪ねた英世だったが、約束のない急の来訪に困惑されてしまう。しかし、英世の熱心さが伝わり、フレクスナー教授は、毎月8ドル（現在の日本円に換算するとおよそ6万円）をポケットマネーから援助することに。与えられた仕事は蛇の毒の研究であった。英世はここでも睡眠は3時間。研究に打ち込み、学会で発表した論文は高く評価され、フレクスナー教授の推薦で最新医療設備が整った、ニューヨークのロックフェラー医学研究所へと移ることとなる。そしていよいよ本格的な細菌研究に挑むことになったのだ。

公益財団法人野口英世記念会

## 情熱を傾け続け、ノーベル賞候補に。

１９０４年、ロックフェラー医学研究所に移った最初の年の英世の年収は１８００ドルだったという。これは現在の日本円に換算すると１３００万円。英世のひたむきな研究姿勢と働きぶりが評価されて、年収が一気にアップしたのだった。

そんなある日、英世は驚きのニュースを目にする。それは、世界中で蔓延《まんえん》し、不治の病とされていた梅毒の病原菌を発見したという論文の発表だった。しかし、病原菌は見つかったものの、多くの謎は残されたままだった。最大の謎は患者に精神疾患が起こる原因。英世は、「病原菌が脳を侵しているに違いない」と考え、梅毒との闘いが始まった。

英世は、梅毒患者の脳を何千という標本にし、顕微鏡をのぞき、ひとつひ

イラスト内顕微鏡画像：別冊 A demonstration of treponema pallidum in the brain in cases of general paralysis.（JEM17, 232）より。（出典：北里柴三郎記念博物館所蔵）

とつミクロの視野で調べるという地道な作業を、来る日も来る日も行った。誰も探そうとしなかった部分にまで探索の手を伸ばした英世に、同僚たちから、「あの情熱はどこから来るんだ。信じられない」と、「ヒューマン・ダイナモ（人間発電機）」とあだ名を付けられるほどであった。

そして、梅毒の研究を始めてから8年。ついに梅毒の病原菌を脳の奥深くで発見。重症患者に見られる症状は病原菌が原因であることを世界で初めて立証したのだ。英世はこれらの業績が評価され、1914年にノーベル賞の有力候補に。英世、最大の功績である。

日本を発ってから15年後、文字を書けない母が一生懸命に綴った手紙を受け取った英世は、日本に帰国。大勢の記者が英世を待ち構え、「野口博士帰国」と、新聞にも大々的に報じられるほどであったという。幼い頃、ともに苦労し、背中を押してくれた母と、応援し続けてくれた血脇に恩返しができたのだった。

## 研究にすべてを捧げ、人々を救った人生。

梅毒の研究で名声を得た英世は次なる難題「黄熱病」（＊2）に直面する。1918年、英世はロックフェラー医学研究所の特命を受け、感染拡大中の南米・エクアドルへ飛び立ち、わずか9日で病原菌を発見。英世が発見した病原菌に対抗するワクチンは「ノグチワクチン」と名付けられ、エクアドル国内での死亡率は50％から10％まで下がった。

ところが、中南米では「ノグチワクチン」により、一定の効果をあげたが、もうひとつの流行地・熱帯アフリカでは感染が広がり、「ノグチワクチン」がまったく効かなかった。ワクチンが効かない原因（＊3）を探るため、1927年に西アフリカ・アクラ（現・ガーナ共和国）へ。すぐに研究を始めるが、答えはわからないまま月日は過ぎていくばかり。そして、その幕切れは突然訪れるのだった。黄熱病と闘い続けた英世だったが、研究中に自らが感染。1928年、英世は思い半ばにして51歳でこの世を去った。

＊2 黄熱病【おうねつびょう】
中南米を中心に熱帯地域で猛威をふるった。高熱とともに肝臓が侵され末期になると、黒い血を吐いて命を落とす。致死率は50％にもなるという恐ろしい病気だった。現在は有効なワクチンがある。

歴史メモ

＊3 ワクチンが効かない原因
黄熱病の正体は細菌ではなく、当時の顕微鏡では発見できないウイルスだった。英世が見つけた病原菌は、ワイル病という別の病気の病原菌だったことがのちに判明。

歴史メモ

# 野口英世

## 絶頂期（40代）の年収

How much?

世界を飛び回り、
黄熱病と最前線で闘っていた絶頂期の年収は…

# 3,800万円

日本で医学者のスタートを切った頃の年収は9万1,200円だった英世。実力主義のアメリカに渡り、移籍してきてすぐに受け取った年収が1,300万円。さらに、さまざまな研究の成果が認められ、最終的には約400倍までになっていました。

# 野口英世のお金年表

## Okane History

| | |
|---|---|
| 1876年 | 福島県耶麻郡三ツ和村で誕生 |
| 1878年 | 囲炉裏に落ちて左手に大やけどを負う（1歳半） |
| 1892年 | 手術を受け、医学の道を志す（15歳） |
| 1893年 | 住み込みで病院で働き始める（16歳） |
| 1896年 | 上京（19歳） 血脇からの支援、月5万7000円 |
| 1897年 | 医術開業試験合格、順天堂医院勤務（20歳） 年収9万1200円 |
| 1900年 | 渡米、フレクスナー博士のもとで研究（24歳） 月給6万円 |
| 1904年 | ロックフェラー研究所に入所（27歳） 年収1300万円 |
| 1923年 | 各地で黄熱病の研究（46歳） 年収3800万円 |
| 1928年 | 黄熱病にて死去（51歳） |

野口英世の人生を振り返って

「どん底だからこそ這い上がるんだ」というその言葉がまさに、野口英世さんの貧しい生い立ちから成功した人生を表しているような気がしました。

彼自身、お金に無頓着だったというのは、お金に興味がないのではなくて、お金よりも目の前にいる困っている人を助けたい、命を救いたいという思いが一番だったのかもしれませんね。

明治の教育者で、
新五千円札の顔
Tsuda
Umeko

# 津田梅子
(1864-1929)

職業 教育者

性格 向上心を持った情熱家

解説1

津田梅子ってどんなひと?

幼いときに留学し、アメリカの知識や文化を吸収し、日本でも女性が活躍できる社会をつくりたいと、女性のための学校をつくるという夢を抱きました。資金はあまりありませんでしたが、かつての学友や資産家たちが次々と協力に名乗りを上げ、津田塾大学の前身「女子英学塾」を開校。女性たちの可能性を信じて厳しくも温かい指導を行いました。

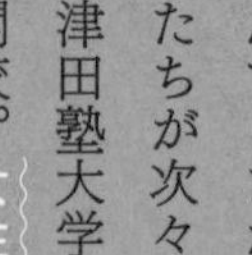

津田塾大学・学長 髙橋裕子さん

# 1864（元治元）年、江戸・牛込で誕生。好奇心にあふれ、興味の先は海外に。

江戸から明治へと時代が移り変わる頃、津田梅子は、幕府の通訳を務めていた武士・津田仙《せん》の次女として誕生。梅子が6歳のとき、政府は「岩倉使節団」（＊1）とともに欧米へ行く留学生を募集。父は長女に留学を勧めたが、手を挙げたのは妹の梅子だった。64人の政府関係者と43人の留学生のなかで女性はわずか5人、最年少は梅子だった。初めは英語が理解できなかった梅子だったが、1年後には生活に困らないほどまでに上達。学校での成績はクラスメイトたちが驚くほど優秀だったという。

梅子がアメリカに来てショックを受けたのは、女性の社会的な立場の違い。当時の日本では、女性は男性に従い仕えるのが当たり前という風潮だったのだ。公の場で女性が自由に意見を言えるアメリカ文化のなかで育った梅子は、どんな相手にも意見を真っすぐ主張できる芯の通った女性へと成長した。

＊1 岩倉使節団【いわくらしせつだん】外国との不平等な条約を改正するため、岩倉具視をリーダーとし、のちの総理大臣となる伊藤博文なども参加して欧米に派遣された。

歴史メモ

# 日本に帰国し3年後、1885年に専任教員としてのキャリアをスタート。

17歳で留学を終え、帰国した梅子を待っていたのは、相変わらずの男尊女卑の社会。男子留学生には明治政府の仕事が用意されたが、女子留学生の二人、山川捨松《すてまつ》と津田梅子は、すぐには登用されなかった。男女差別が当たり前のように行われていることに、梅子は強い衝撃を受けたのだった。

帰国から3年、20歳になった梅子にようやく舞い込んできた仕事は、華族女学校の英語教師。今でいう女子中高校生に、英語を教える機会を得たのである。華族女学校教師になった頃の年収は420円。今のお金で840万円（＊2）であった。

お金メモ

＊2 年収840万円

明治時代の小学校教員初任給は月額8～13円、今のお金で20万1900円。これをもとに当時の1円の価値を換算するとおよそ2万円。梅子が勤めた華族女学校は今でいう宮内庁直轄の学校だったため、教員でも官僚クラスの待遇を受けていた。この翌年（1886年）11月、教授に任ぜられ年収500円（今のお金で1000万円）、1899年12月には高等官五等に叙せられ年収800円（今のお金で1600万円）となった。

## 日本の女性が世界で活躍できると証明するため、24歳になった梅子は2度目の渡米。

女性は結婚して家庭に入る時代に、華族女学校で教えるのは初歩的な英語だけ。男性が学ぶような高尚な学問は必要ないという方針であった。このままでは日本の女性の地位は変わらないと、梅子は再び渡米を決意。日本の女性でも学問を究めて社会に貢献できることを自ら証明しようとしたのだ。1889年、24歳になった梅子は、ハーバード大学と並ぶほどの名門のブリンマー大学（＊3）へ留学。ここでは一流の学者や、プロフェッショナルになれることを証明したいという、女性たちの熱気にあふれていた。

梅子は教授法を学ぶだけでなく、生物学も専攻。のちにノーベル賞を受賞するモーガン博士と共同で、「カエルの卵の発生」についての研究を行った。その研究論文がイギリスの学術誌に発表され、高い評価を得た梅子。日本人女性が学問において、世界に通用することを示したのである。

歴史メモ

＊3 ブリンマー大学
アメリカ・ペンシルベニア州ブリンマーにある私立の女子大学。アメリカ合衆国の女子大学として、初めて博士の学位を授与した大学として知られる。女性が活躍する校風をつくったM・ケアリ・トマス学部長は、梅子のよき理解者でもあった。

# 多くの女性たちに、道を切り拓いてあげたい。

梅子は、自分のあとに続く人のためにと、日本の女性が留学するための奨学金制度をつくることを計画。その計画とは、募金活動を展開し、集めたお金を銀行などに預け、その利息を留学費用に充てるというものだった。しかし、4年に1人の留学生の費用を賄うには8000ドルの元手が必要。今のお金で3億円以上（*4）という大金。実現は不可能かとあきらめかけた梅子だったが、「日本の女性のために力を貸してほしい」という梅子の切実な思いは、実業家や篤志家たちの心を動かし、支援の輪はアメリカ中へと広がっていった。そしてわずか1年間で、目標金額8000ドルの寄付が集まり、日本人女性のための奨学金制度がスタート。

3年間の留学を終えた梅子は、新たな決意を胸に帰国の途につくのだった。そして、梅子のとてつもない挑戦が始まる。

お金メモ

*4 3億円
1871年より導入した金本位制により、当時の為替は1ドル約2円であり、8000ドルは約1万6000円。小学校教員の初任給をもとに1円を現在のお金に換算すると約2万円となるため、当時の8000ドルは現在の日本円に換算すると3億2000万円となる。

# 自立した日本の女性を育てる学校を。

1900年、35歳のときに梅子は学校創設に乗り出した。目標は社会に出ても男性と協働して活躍できるような、強い意志を持った女性を育てること。そのために必要な資金は、今のお金にすると2億4000万円以上（＊5）。梅子一人の力ではどうにもならない金額であった。しかし、ブリンマー大学のトマス先生の呼びかけで資金が集まり、1900年9月、ついに東京・麹町に「女子英学塾」を開校。10人の学生たちと寝食をともにしながら、夢への第一歩を踏み出したのであった。

塾の目的は女性にリベラルアーツ教育（教養教育）と専門教育の機会を開くこと。梅子の授業はとても厳しく脱落する塾生もいたというが、教壇を降りると家庭的な雰囲気のなかで、アメリカでの経験を塾生たちに伝えたという。

ようやく学校の基礎が固まった頃、梅子は体調を崩し、授業を休むように。そして1929年、64歳でこの世を去った。

お金メモ

**＊5 2億4000万円**
校舎の建築費用だけでも6000ドルが必要（家具や修繕費除く）であった。当時の為替は1ドル約2円であり、小学校教員の初任給をもとに現在のお金に換算すると（1円は約2万円）、2億4000万円となる。

# 津田梅子

## 絶頂期（40歳頃）の年収

How much?

大学に準ずる教育機関として
国に認められた頃の年収は…

# 600万円

女子英学塾は開校4年目で大学に準ずる教育機関として国に認められて、給料が支給されるようになりましたが、それほど高くありませんでした。英学塾からの手当は月に25円、年間で300円。今のお金にすると600万円ほど。ただし、原稿の執筆や講演活動などの副収入もあったため、生活には余裕があったと思われます。

# 津田梅子のお金年表

## Okane History

| | |
|---|---|
| 1864年 | 江戸の牛込南御徒町（現・東京都新宿区）で誕生 |
| 1871年 | 岩倉遣欧米使節団に随行、渡米（6歳） |
| 1882年 | 帰国（17歳） |
| 1885年 | 華族女学校の英語教師に（20歳） 年収840万円 |
| 1889年 | 再び渡米（24歳） 3億円以上を元手に奨学金制度設立 |
| 1899年 | 高等官五等に叙せられる（34歳） 年収1600万円 |
| 1900年 | 女子英学塾創立（35歳） 創設資金2億4000万円 |
| 1904年 | 女子英学塾が国により認可（40歳） 年収6000万円 |
| 1929年 | 死去（64歳） |

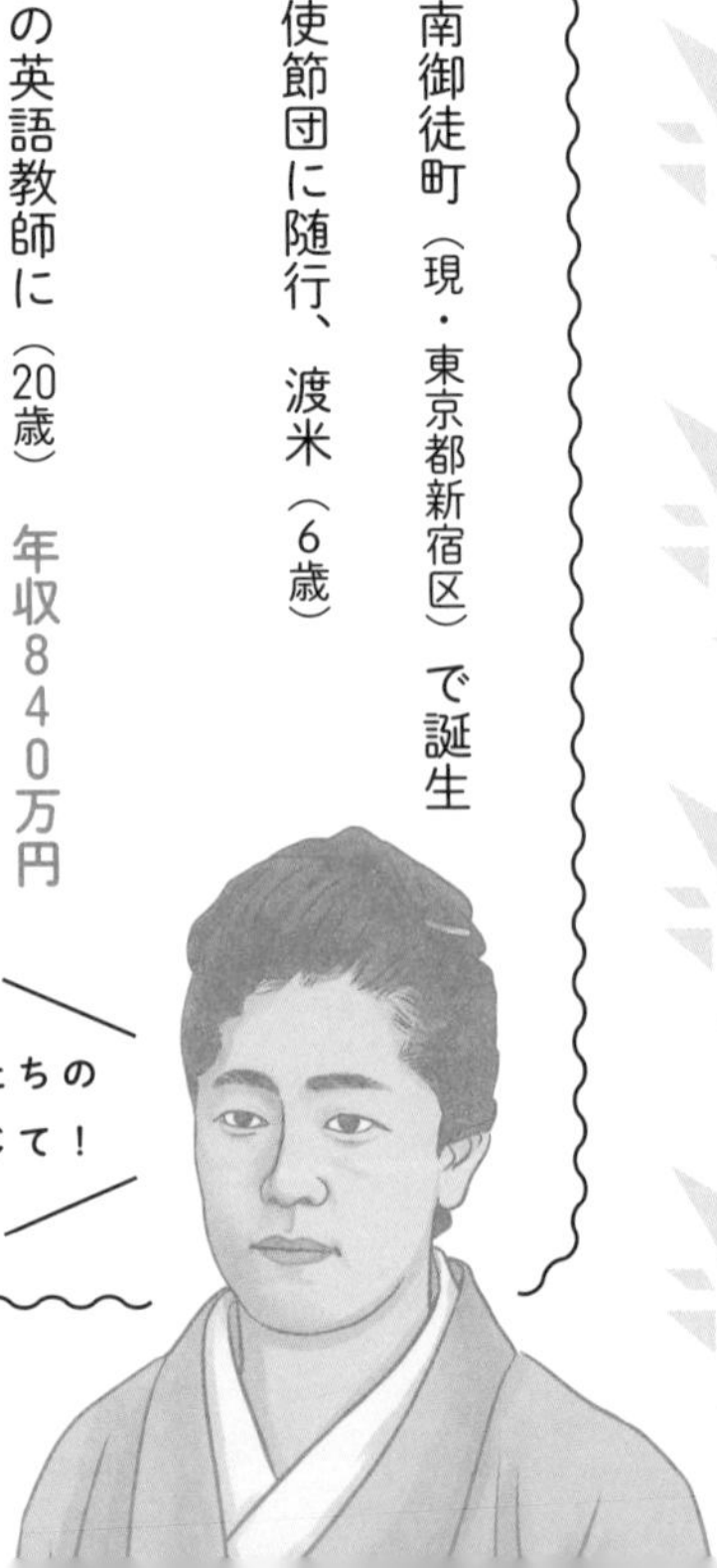

## 津田梅子の人生を振り返って

**梅** 子さんが日本の女性に教育の機会を与えていなかったら、今、ニュース番組などで活躍するコメンテーターに、女性はいなかったかもしれないと思いました。

**貴** 重な種を撒き続けた人でしたね。一度お会いしてみたかったですが、これから新五千円札で会えるのが楽しみです！

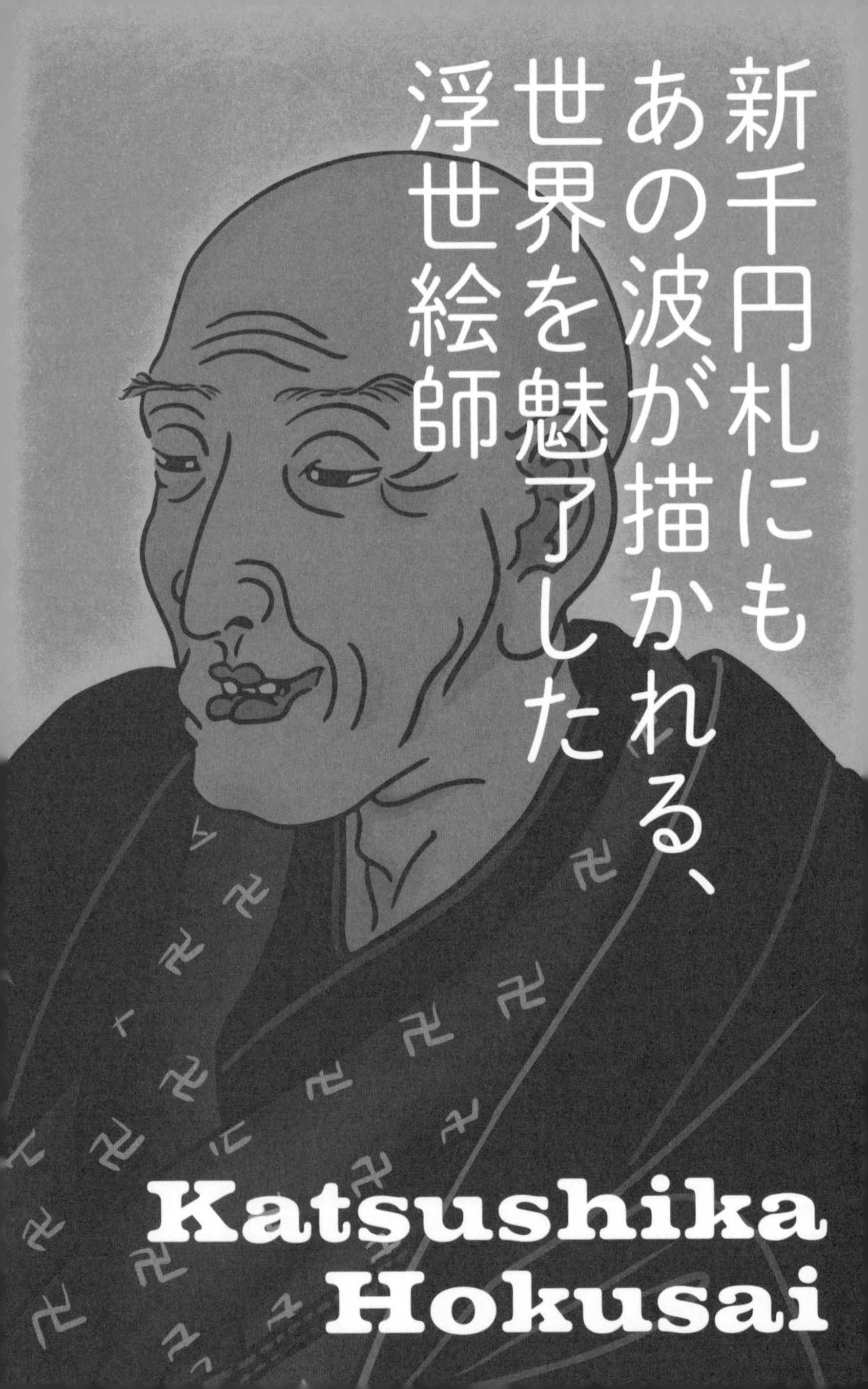

# 新千円札にもあの波が描かれる、世界を魅了した浮世絵師

# Katsushika Hokusai

# 葛飾北斎 (1760-1849)

職業 浮世絵師

性格 ストイックでお金に無頓着

解説1

## 葛飾北斎ってどんなひと？

代表作は、誰もが一度は見たことのある「冨嶽三十六景 神奈川沖浪《なみ》裏《うら》」。2024年には新千円札にもデザインされることが決まっています。

当時から世の中に大きな影響を与えて、人気もありましたが、たとえお金を手に入れても、なぜだか貧乏な暮らしをしていたという話が多く伝わっています。その理由は、お金に無頓着だったからです。

すみだ北斎美術館・学芸員 竹村誠さん

## 1760（宝暦十）年、現在の東京・墨田区で誕生。19歳で幼い頃から夢中だった、浮世絵の世界へ。

北斎が生まれた江戸時代後期。庶民たちの文化が花開いた時代にブームになったのが、浮世絵。1枚20文（今のお金にすると300円ほど）で、町の看板娘や歌舞伎の人気俳優といった、江戸のアイドルたちの浮世絵が売られていた。6歳だった北斎も色鮮やかな浮世絵のとりこに。暇さえあれば絵を描いていたという。そして14歳のときに、浮世絵製作（＊1）の一端を担う「彫《ほり》師《し》」と呼ばれる仕事を始めた。この彫師の仕事は北斎にとって貴重な経験となり、次のステージを目指すきっかけとなった。

19歳のとき、役者絵で一世を風靡《ふうび》したカリスマ絵師・勝川春章《かつかわしゅんしょう》のもとに弟子入りした北斎は、念願の絵師に転向。そして、弟子入りからわずか1年でデビュー。今では風景画で知られる北斎だが、最初に世に送り出されたのは、当時人気だった役者絵であった。ほかにも多くの美人画や力士の浮世絵など

歴史メモ

＊1 浮世絵製作
絵の企画をする「版元」から依頼を受け、企画に合った絵を描くのが「絵師」。デザイン通りに版画の板を彫るのが「彫師」。そして最後に、「摺師（すりし）」という職人が、絵師の指示通りに配色をし、紙に摺り出すという4つの役割があった。

＊2 年収13万4000円
当時の平均的な生活費は1年間で、今のお金で12万円ほどだったため、自由にお金を使えるほどの稼ぎはなかった。家賃は1ヵ月400文（今のお金で60

を手掛け、師匠からの評価はうなぎ上りに。

30代半ばには、十数人いた弟子のなかで、ナンバー3へと躍進した北斎。その頃の北斎の年収記録は残されていないが、作品数と画料をもとに計算すると、2・24両、今のお金でおよそ13万4000円（＊2）であったと考えられる。

お金メモ

00円）、井戸水代は1年間で16文（240円）。薪・炭代は1ヵ月250文（3750円）で、そば代1杯16文（240円）。今の米の価格5kgあたり2000円で換算。

解説❷

## 人気絵師の収入は？

北斎が28歳から33歳までの6年間で描いた作品は大小あわせて268点。年収はそれらに画料を掛け合わせて計算すると、今のお金で13万4000円と考えられます。しかし、これはあくまで、現在確認されている作品から推測をしたものであり、もっとあったとされます。

太田記念美術館・主席学芸員 日野原健司さん

## 貪欲に表現方法の幅を広げ、一躍大スターに。

浮世絵にはさまざまな流派があるが、流派を超えて学ぼうとした北斎の行動に兄弟子が激怒。人間関係に嫌気がさした北斎は、勝川春章のもとを去る。仕事を失い、生活のために1袋20円ほどの唐辛子を売るアルバイトをしながら細々と暮らすという、どん底を味わった北斎だったが、再び絵と向き合い始めることに。

　流派にこだわらず、あらゆる絵を学ぶことにした北斎。あるとき、西洋画に出合った北斎は、空間の奥行きを写実的に描き出す遠近法を知り、さっそく自分の作品に取り入れることに。遠くに富士山、近

くに波と、貪欲に表現の幅を広げていったのだった。
そんな北斎に、大きな転機となる出会いが訪れた。
その頃、江戸では「読本《よみほん》」と呼ばれる大人向けの小説が流行っていたのだが、江戸で一、二を争う人気の読本作家だった曲亭馬琴《きょくていばきん》の挿絵を手掛けることになったのだ。

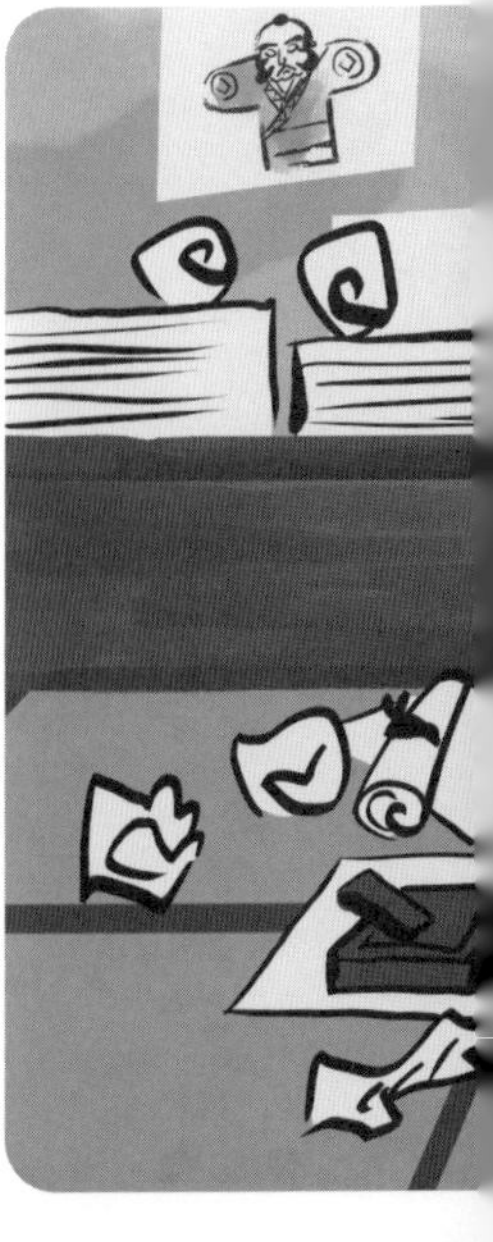

「主人公が敵の船に向かって矢を射ると、その矢が船を串刺しにして沈む」という場面から想像力を働かせて北斎が描いた絵は迫力満点。挿絵が評判となり読本は大ヒット。
波に乗った北斎は『北斎漫画』という絵手本（＊3）を手掛け、革新的な取り組みにも挑戦。のちに海外に渡り、ジャポニズムブームを巻

歴史メモ
＊3 絵手本
江戸時代から明治時代に描かれた絵本の一種。絵の描き方を習うための手本としての教科書だったが、観賞用としても人気だった。

き起こすきっかけとなった。

年収13万円からスタートした北斎、46歳の稼ぎは113・4両、今のお金にすると約680万円（＊4）にまでになっていた。

## ますます絵に没頭し、名作を残した晩年。

13万円から680万円に年収が上がっても、変わらず質素に暮らし、好きな絵だけに夢中になっていた北斎。しかし、68歳のときに悲劇が襲う。脳卒中で倒れ、一命は取り止めたものの、半年ほど絵筆を持つことができなかったのだ。さらに翌年には、長年連れ添った妻を亡くし、立て続けに命と向き合った北斎は、自分に残された時間を見つめ直し、「人生は儚い。生命の輝きを描き残すんだ」と、再び絵に情熱を燃やし始めるのだった。

北斎は富士山をさまざまな構図で描く浮世絵シリーズ「富嶽三十六景」の構想に着手。自らの足で各地を回り、モノの形や動きが最も生き生きと感じ

＊4　年収680万円
江戸時代の職業別年収をみると、今のお金で武士が180万円、花形職業の大工が158万円というなかで、北斎の年収はトップクラス。
お金メモ

られる瞬間を探し、切り取ろうとする。雨、風、雲……なかでも北斎が特にこだわったのが、荒々しく波立つ〝グレートウェーブ〟であった。

実は北斎は、若い頃から絶えず波の表現を模索し続けていたのだった。「いつか自分だけの波を描いてみせる」と、何度も何度も波の形をスケッチし続けたという。そして外国から輸入されたベロ藍（プルシアンブルー）という青色の新しい顔料を使い、迫力ある波を描こうと試みることに。

こうして北斎が50年の絵師人生の集大成として完成させたのが、「冨嶽三十六景　神奈川沖波裏」のグレートウェーブ。読本で鍛えた想像力で巨大な波に翻弄される船の様子を描き、西洋画から学んだ遠近法で奥に小さな富士山を描いた。大きく盛り上が

った波の先端はつかみかかってくるかのような迫力。北斎は波が砕ける瞬間を、見事に生き生きととらえた。

　印象的なベロ藍を使って色付けられ、水しぶきを写実的に描いた世界初の絵ともいわれている「神奈川沖浪裏」は、見るものを圧倒。江戸の人々の心をわしづかみにしたのだった。

　この富士山を題材にした「冨嶽三十六景」シリーズは、空前の大ヒット。北斎は浮世絵の世界に風景画という新たなジャンルを確立し、歴史にその名を刻んだのだった。しかし北斎は、「もっと絵がうまくなりたい」と、90歳で亡くなる間際まで精進し、絵を描き続けたのだった。

太田記念美術館所蔵

# 葛飾北斎

## 絶頂期（70代）の年収

How much?

「富嶽三十六景」で人気を得た絶頂期の年収は…

# 96万円

（1両＝6万円）

絶頂期でありながら96万円（年間の作品点数×画料で算出）という金額の理由は、描きたいものだけを描いていたから。知名度からすれば画料の高い仕事もあったなか、北斎は人々を驚かせるような、自分が描きたいと思う新しい風景画を求め、作品づくりに没頭していました。

## 葛飾北斎のお金年表

**Okane History**

| | |
|---|---|
| 1760年 | 江戸本所割下水（現・東京都墨田区）で誕生 |
| 1773年 | 彫師として経験を積む（14歳） |
| 1778年 | 勝川春章に弟子入り（19歳） |
| 1793年 | 作品が評価され門下のナンバー3に躍進（34歳）<br>年収13万4000円 |
| 1794年 | 勝川派を脱退（35歳） |
| 1805年 | 読本の挿絵に注力（46歳）　年収680万円 |
| 1830年 | 「富嶽三十六景」が大ヒット（71歳）　年収96万円 |
| 1849年 | 死去（90歳） |

## 葛飾北斎の人生を振り返って

北斎にとって絵を描くことは、稼ぐための手段でもなくて、本当の目的は自分が満足することにあったんだろうと思いました。そしてその絵が多くの人に愛されることに、喜びを感じたのではないでしょうか。

ずっと自分が追い求めるものに向き合い、自分を高めようとし続けた人。そこに、北斎という人の本質が表れている気がしました。少年時代に「あんな素敵な絵を描きたい」というまま90歳まで生き抜いた北斎さん、素敵ですね！

谷原章介が気になる偉人は？

# 伊能忠敬

僕自身とても面白かったのは、伊能忠敬。実は収録の1、2週間ほど前に番組とは関係ないところで伊能忠敬の末裔の方にお会いし、ご縁を感じました。伊能忠敬は、自分の足で日本の国土を調べ、日本地図を確定させた人。あきらめない執念や粘り強さを持ち、頭のよさも兼ね備えた、本当にすごい方です。忠敬しかり、それぞれの偉人が晩年をどう過ごされたのか、僕の年代にとっては示唆に富んでいて、毎回、学びがあります。

Inoh
Tadataka

山崎怜奈が
気になる
偉人は？

# 平賀源内

平賀源内は、マルチクリエイターぶりが時代を先取りしすぎて、周りから理解されずに多額の借金を背負うことに。その波乱万丈な人生が偉人ぽいと思いました。源内といえば「エレキテル」「土用の丑の日」など、連想させるキーワードが突飛ですが、彼の人生を追うと常識的に思えてきます。もし今、源内がラジオ番組をしたら、どんな話をするのか聞いてみたいです。こんなに個性的で面白い人なんだとあらためて知りました。

Hiraga
Gennai

今野浩喜が
時空を超えて偉人に!?

俳優・今野浩喜が、主人公である「偉人」になりきって谷原章介・山崎怜奈とやりとりし、偉人の半生をわかりやすくお伝えしています!

―お金―

# 偉人クイズ！

偉人と会話！
クイズで偉人を
もっと知りたい！

# Q&A

偉人さーん
何してるん
ですか？

本人に聞いて
みましょうか

# 織田信長
Oda Nobunaga

## Q1.

**南蛮貿易などでお金を稼いでいた織田信長ですが、もうひとつお金を生み出す独創的な方法を発明。それは一体何だったでしょうか？**

## A1.

**茶器に高い価値を与え、褒美の代わりにした**

信長は茶会の開催をごく一部の家臣にしか認めていませんでした。茶器を持っていることは最高のステータス！　しかも信長から贈られたということで、さらに価値がアップしました。

限りある領地や資金を使うことなく、茶器に褒美としての効果を持たせていたんですね！

# 豊臣秀吉
Toyotomi Hideyoshi

## Q2.

豊臣秀吉は、新たに陶芸職人がつくった茶器にも価値を持たせようとしました。その方法とは？

同じ品物でも、有名人がいいと言った口コミで物の価値が上がるのは、どの時代も同じなんですね

## A2.

### 千利休に「いいね」と言わせて、茶器に価値を付けた

秀吉は商人や一般の庶民も参加できる茶会をたびたび開き、利休とともに茶の湯ブームを築き上げました。実は茶器だけではなく、マニラから輸入した二束三文の壷も、秀吉が「この壷いいね」と言ったことから、1個6000万円で諸大名たちが買い取ったともいわれています。

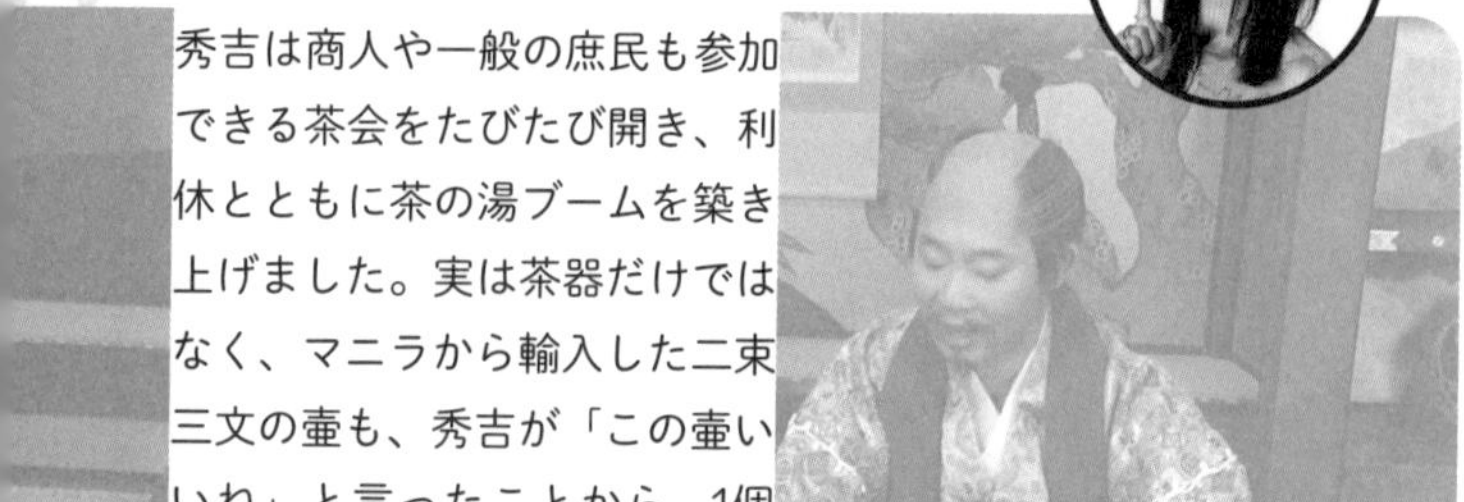

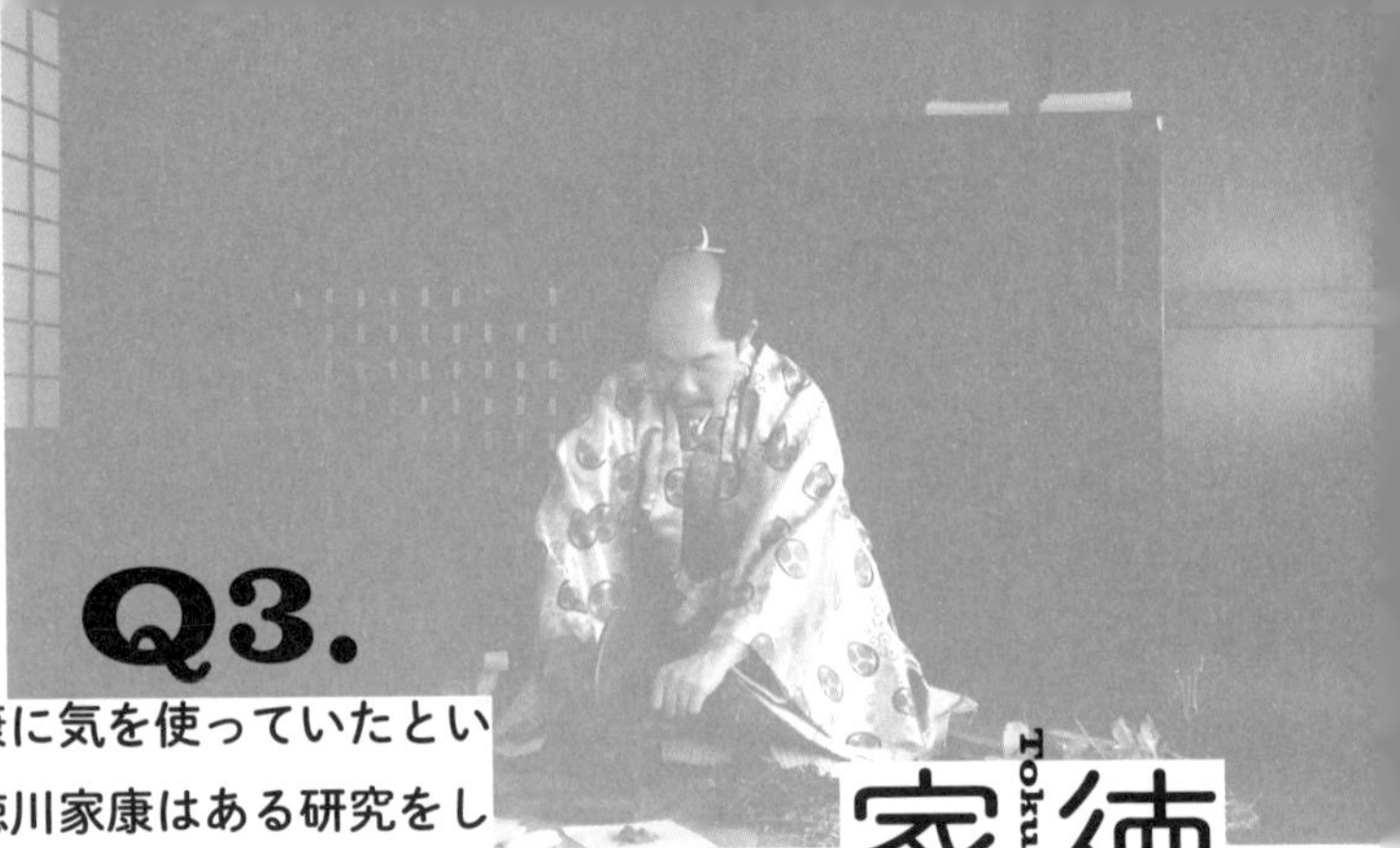

# 徳川家康

Tokugawa Ieyasu

## Q3.

**健康に気を使っていたという徳川家康はある研究をしていたといいます。家康が熱を入れていた研究は？**

## A3.

### 漢方の研究

家康は漢方のつくり方が書かれた中国の本を読み、独学で漢方を学びました。自分で薬草を育てて、煎じて飲む。さらに、健康の相談に来る家臣らにも分け与えていたといいます。

医者にもほとんどかからなかったそう。家臣にも分け与えるところが優しいですね。そんな上司が欲しい！

# 平賀源内
Hiraga Gennai

## Q4.

表面に銀の飾りを付けた、ひとつ20匁《もんめ》(約2万円)もする高級な櫛《くし》「源内くし」をつくった源内ですが、ある宣伝をしたところ飛ぶように売れました。どのような宣伝方法だったのでしょうか？

現代のSNSのインフルエンサーと同じ方法ですね。それを当時から、源内が実践していたとは驚きです！

## A4.

### 当時人気の遊女に着けてもらった

遊女や町娘などのアイドル的な存在の人に、くしを身に着けてもらい、それを見て憧れた人々が真似して購入するように話題づくりを仕掛けました。

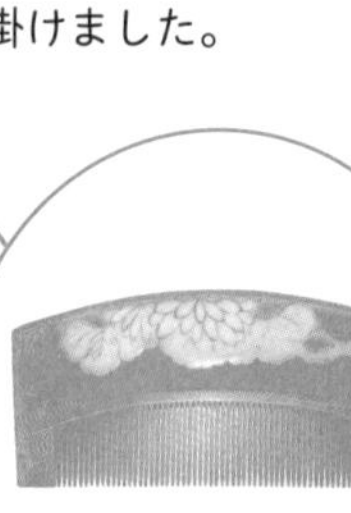

澤乃井
櫛かんざし美術館
収蔵

イメージ／鈴木春信 画「青楼美人合」第2冊
国立国会図書館デジタルコレクションより

# 牧野富太郎

Makino Tomitaro

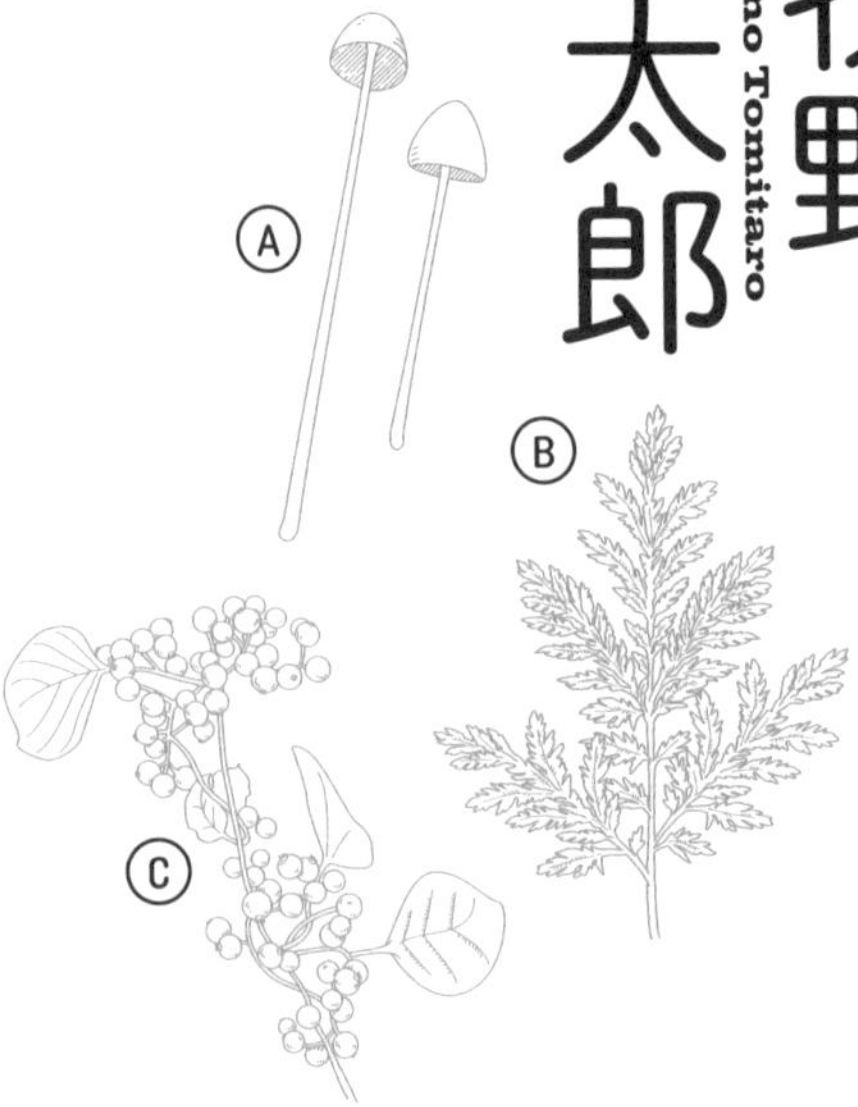


## Q5.

知人から食用になると聞き、富太郎がある植物を実際に食べたところ「なるほどうまい」と気に入りました。何という植物だったのか、3択でお答えください。

Ⓐマグソタケ

Ⓑクソニンジン

Ⓒヘクソカズラ

五・七・五をこんなにもたくさん詠むほど、よほどおいしかったんでしょう

## A5.

### Ⓐ マグソタケ

富太郎はあまりのおいしさに五・七・五の句まで詠んでいるほど。「食うてみればなるほどうまいマグソダケ」「マグソタケ食ってみんなに冷やかされ」「勇敢に食ってはみたがマグソタケ」など、まだまだほかにもたくさんのマグソタケにまつわる句が残されています。

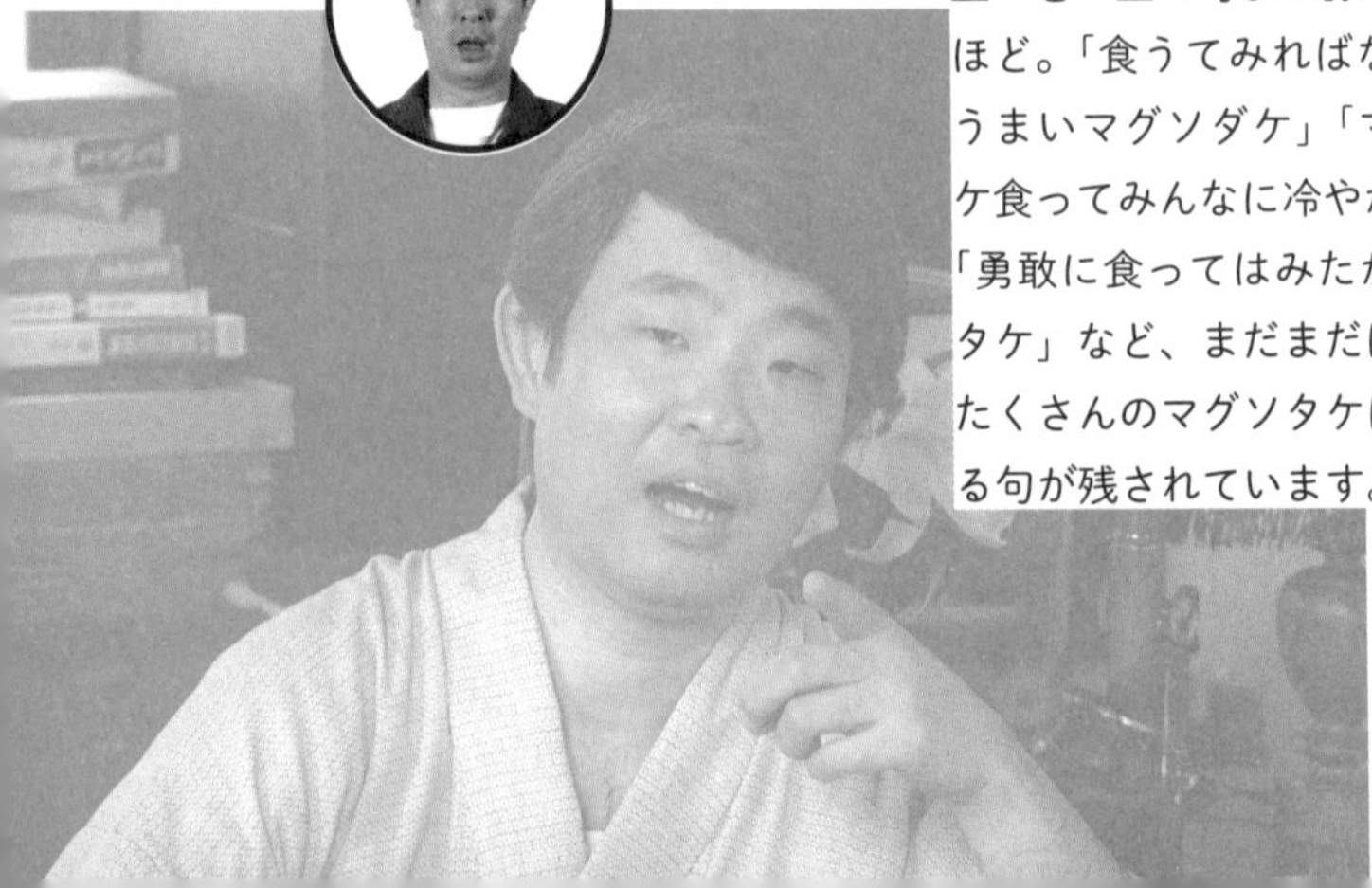

※マグソタケには毒性のある種類もあるため、食用不適とされています。

# 伊能忠敬

Inoh Tadataka

## Q6.

20人の測量隊のリーダーとなった忠敬ですが、正確な地図をつくるために隊員たちに、これだけはやってはいけないというルールを設けて徹底させました。次の3つのうちどれでしょう？

Ⓐ旅先で土産を買ってはならない

Ⓑ酒を飲んではならない

Ⓒ爪を常にきれいにしておくこと

20人をきちんとまとめて一緒に行くとなると、そのくらい厳しくしないといけない部分もあったんでしょうね！

## A6.

### Ⓑ 酒を飲んではならない

お酒を飲んで、二日酔いや寝不足になってしまうと次の測量のときに多くの距離を歩けないということと、データを記録する際に間違った数字を書いてしまう恐れがあることから厳しく徹底していました。お酒を飲んでしまった内弟子を二人も破門にしたそうです。

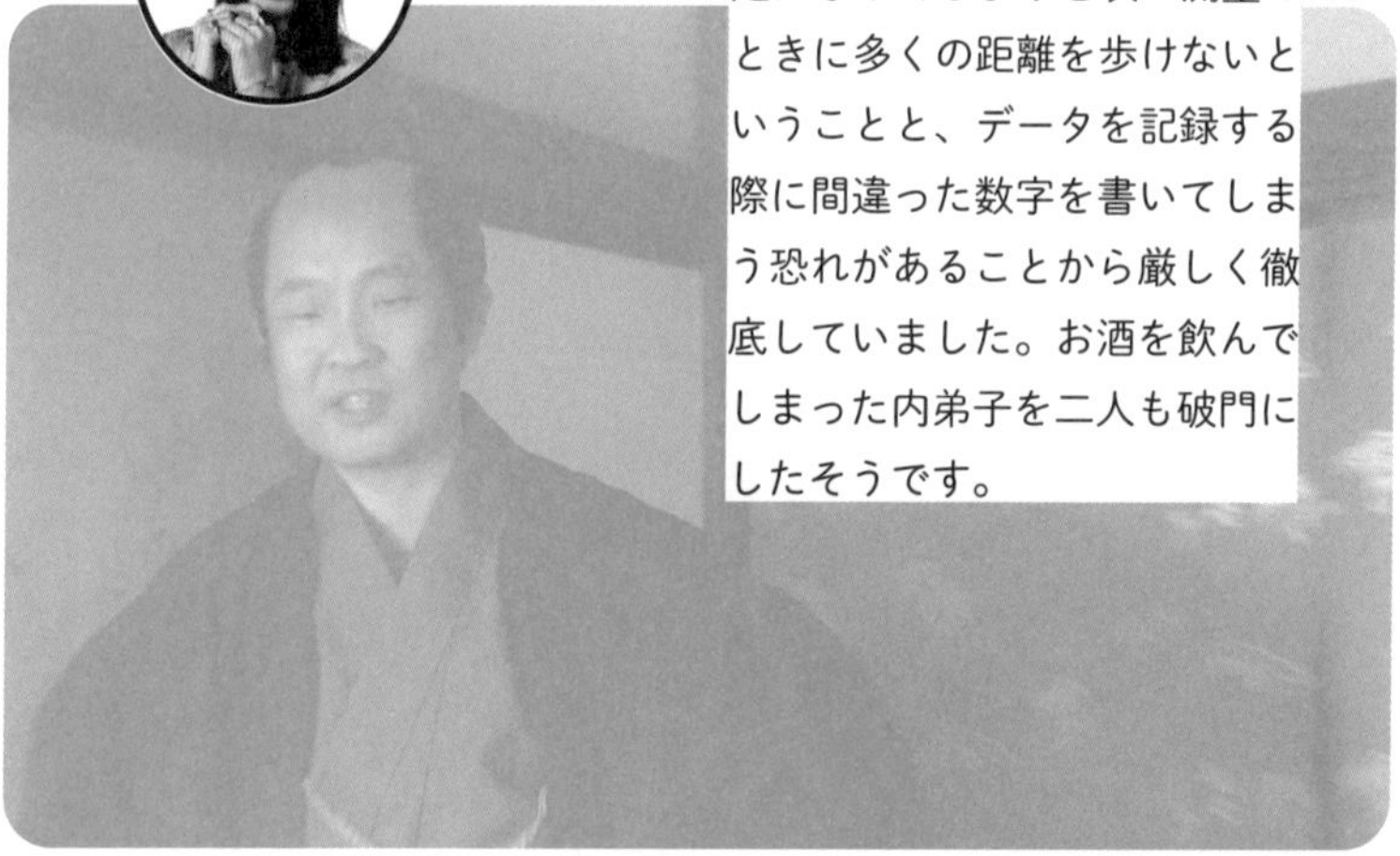

# 三井高利

Mitsui Takatoshi

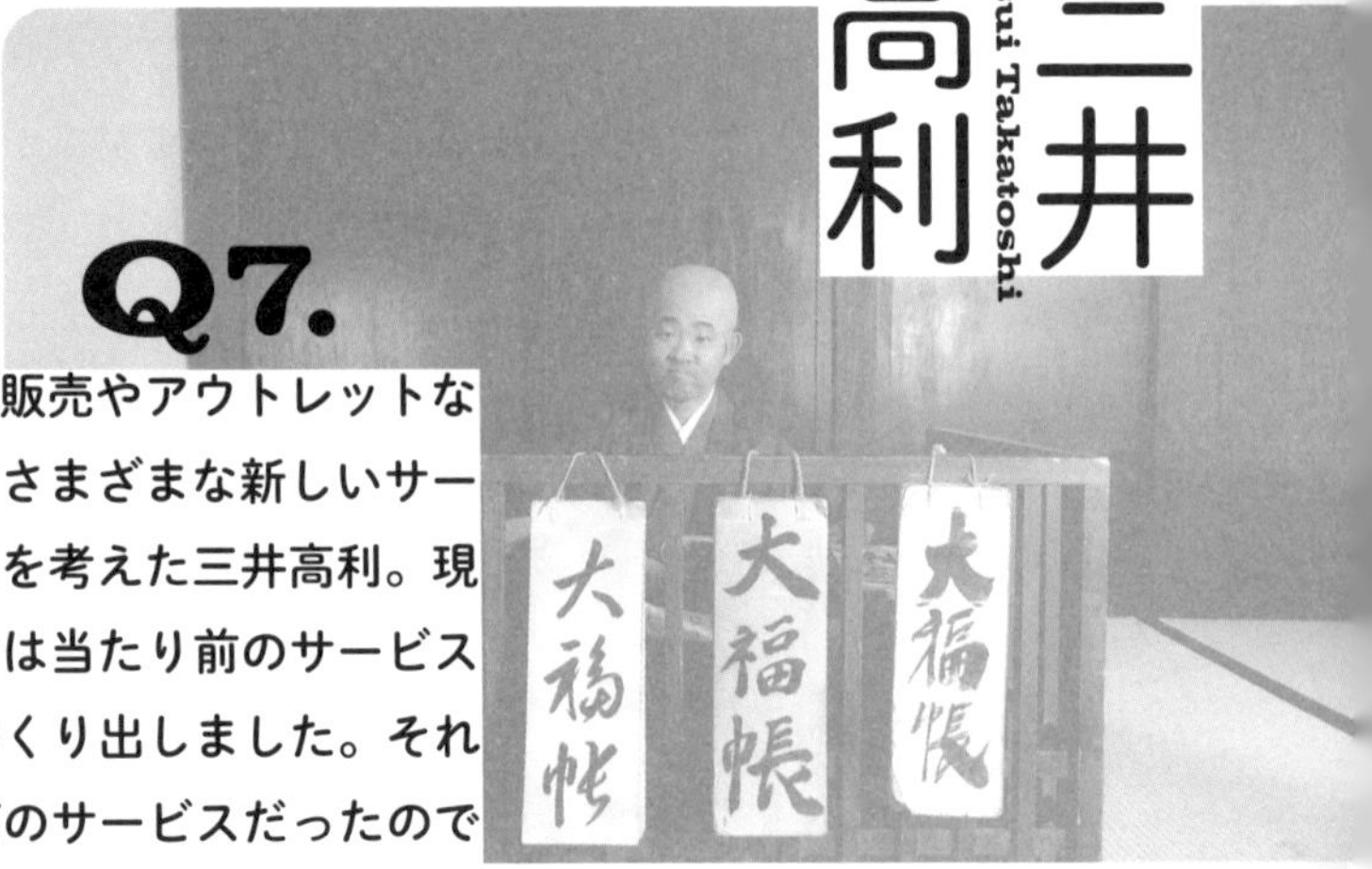


## Q7.

定価販売やアウトレットなど、さまざまな新しいサービスを考えた三井高利。現代では当たり前のサービスもつくり出しました。それは何のサービスだったのでしょうか？

## A7.

### 即時仕立てのサービス

呉服は反物と呼ばれる布地で販売するのが主流でしたが、越後屋では店内に裁縫の専門スタッフを配置。すぐに呉服が必要な人にその場で仕立ててくれるサービスを実施しました。

縫製ができる人の働き口も増えて、雇用の問題も解決！　高利さんが考えるビジネスっていろいろな人に得がありますね

三重県総合博物館所蔵

# 樋口一葉

Higuchi Ichiyo

## Q8.

遊郭界隈に住み始めたことで、近くに住む女性たちから、ある頼み事をされるようになった樋口一葉。その頼み事とは？

## A8.

### 手紙の代筆

識字率が高くなかった時代、小説家である一葉に、愛を告白する手紙を書いてもらいたいと、女性たちが頼みに訪れました。

素敵！　一葉としても、彼女たちから恋愛観を学べて、のちにリアルな小説を書くことにつながったのかもしれません

# 野口英世
Noguchi Hideyo

## Q9.

15年ぶりに帰国し、母親に恩返しをした英世。その後、もう一人の大恩人である血脇先生にも恩返しをします。普通の人では絶対にできないようなあることで驚かせます。それは何だったでしょうか？

## A9.

### ホワイトハウスに行って大統領と会わせた

血脇先生がアメリカを訪れた際、37日間にも及ぶ視察旅行に同行して、当時のハーディング大統領を表敬訪問しました。

一般の人では会うことができない方とつなげられる英世は、地位のあるところに上り詰めたといえます！

公益財団法人野口英世記念会

# Q10.

**34歳のときに、万国婦人クラブ連合大会日本代表に選ばれた津田梅子。アメリカとイギリスで、ある有名な女性の偉人と出会ったことで、とても勇気づけられたそう。その二人の偉人は誰？**

## 津田梅子

Tsuda Umeko

# A10.

## ヘレン・ケラーとナイチンゲール

女性として頑張った先達の方たちが背中を押したからこそ、津田梅子さんは学校づくりをあきらめずにできたんですね

梅子を勇気づけた一人目の偉人は、障がい教育や福祉の発展に尽力した女性、ヘレン・ケラー。当時18歳だったヘレンは梅子に手紙を手渡しました。もう一人は、「近代看護の母」と呼ばれたナイチンゲール。別れ際にもらった花束を押し花にし、梅子は生涯大切にしました。

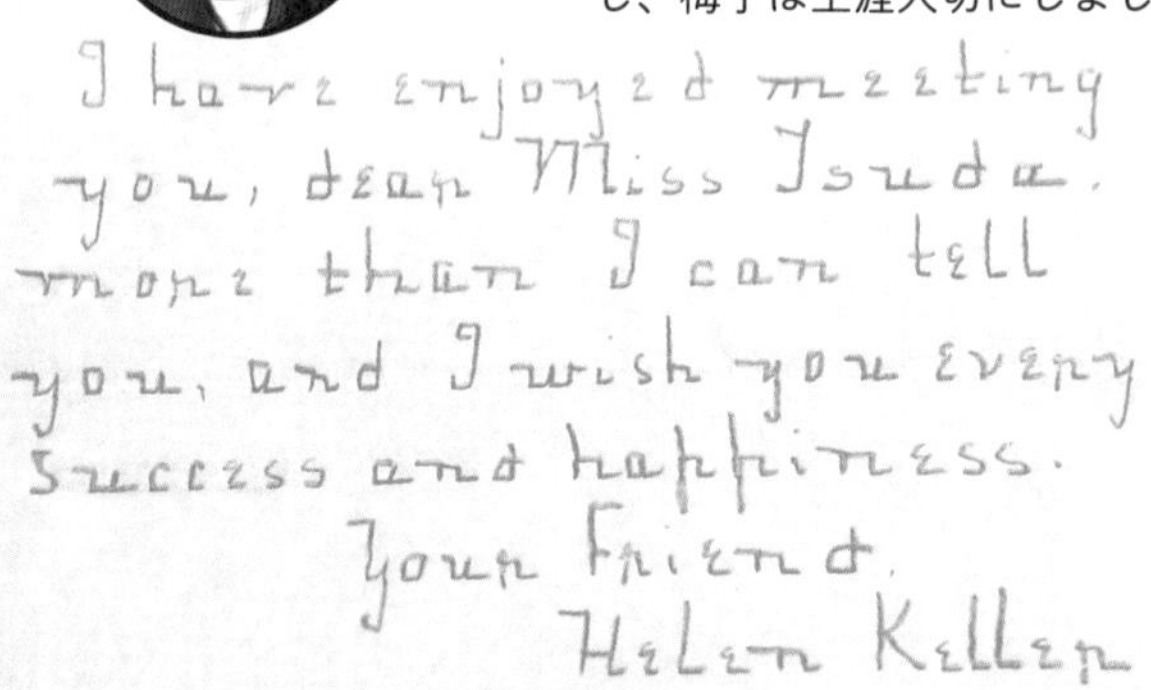
I have enjoyed meeting
you, dear Miss Tsuda,
more than I can tell
you, and I wish you every
success and happiness.
Your friend,
Helen Keller

津田塾大学津田梅子資料室所蔵

「あなたにお会いできて、大変うれしく思います。
ミス津田、あなたの成功と幸せを心から願っています。
あなたの友　ヘレン・ケラー」と書かれた手紙。

# 葛飾北斎

Katsushika Hokusai

## Q11.

年収が大幅にアップしたにもかかわらず、なぜ北斎は貧しいままだったのでしょうか？

## A11.

### お金の管理がずさんだったから

年間13万円を稼いだときも、680万円を稼いだときも、ほとんどが長屋暮らしだった北斎。ぼろぼろの服に身を包んでいた訳は、お金の管理ができなかったから。報酬金は包みを開けずに放り出していたそうです。

北斎にとって絵を描く意味は、自分の立身出世やお金を稼ぐなどということではなかったということですね。すごい才能！

# おわりに

Eテレ「偉人の年収 How much?」は主に小学生とその保護者に向け、2023年春にスタートした教養バラエティーです。日本を変える大きな業績を残した偉人のみならず、ベーブ・ルース、アインシュタイン、マリー・キュリーなど、世界の偉人も含め30人ほどの波乱万丈な人生をご紹介してきました。意外だったのは「かわいいアニメで物語がわかりやすい」「偉人に扮した今野浩喜さんが面白くて毎回見ています」と高齢者のみなさんからも好評で、〝学び直し〟にも役立っているとの声。2024年はオリンピックイヤー、夏に新紙幣の発行もあり、これにまつわる偉人も取り上げていけたらと思っています。「お金を切り口にすると偉人の生き方が見えてくる！」今後も幅広い世代のみなさんに楽しく学んでいただける番組を全力でお届けしてまいりますので、どうぞご期待ください！

NHKエデュケーショナル　コンテンツ制作開発センター
美術教養グループ　チーフ・プロデューサー　中嶋新二

放送リスト

2022年8月26日　浮世絵師 葛飾北斎
2023年1月3日　戦国大名・天下人 徳川家康
2023年4月3日　幕末の志士 坂本龍馬
2023年4月10日　小説家 樋口一葉
2023年4月17日　農政家 二宮尊徳
2023年5月1日　物理学者 アルベルト・アインシュタイン
2023年5月8日　医師 杉田玄白
2023年5月15日　医学者・細菌学者　野口英世
2023年6月5日　測量家・天文学者・地理学者・商人 伊能忠敬
2023年6月12日　博物学者 南方熊楠
2023年6月19日　物理学者 マリー・キュリー
2023年7月3日　戦国大名・天下人 織田信長
2023年7月10日　商人 三井高利
2023年7月17日　マルチクリエーター 平賀源内
2023年8月7日　メジャーリーガー ベーブ・ルース
2023年8月14日　新選組 土方歳三
2023年8月21日　植物学者 牧野富太郎
2023年9月4日　陸上選手 人見絹枝
2023年9月11日　発表！　お金持ち偉人ベスト5
2023年9月25日　発表！　お金に縁がなかった偉人ベスト5
2023年10月2日　教育者 津田梅子
2023年10月9日　江戸の作家 曲亭馬琴
2023年10月16日　ハリウッド俳優 早川雪洲
2023年11月6日　横綱 双葉山定次
2023年11月13日　戦国武将・天下人 豊臣秀吉
2023年11月20日　ハンサムウーマン 新島八重
2023年12月4日　プロ野球選手 沢村栄治
2023年12月11日　作曲家 服部良一
2023年12月18日　サッカー選手 ペレ
2024年1月8日　歌人 与謝野晶子
2024年1月15日　絵師 伊藤若冲
2024年1月22日　ロケット開発者 糸川英夫

※2024年1月現在

## TVスタッフ

MC　谷原章介
山崎怜奈

偉人役　今野浩喜

アナウンサー　佐藤あゆみ

制作統括　中嶋新二
井上勝弘
若井俊一郎
清水真人

プロデューサー　池田智
土屋淳

ディレクター　石井将（織田信長）
尾形正喜（豊臣秀吉・牧野富太郎・樋口一葉）
冨田翔一郎（徳川家康・三井高利・津田梅子）
江藤祐太（平賀源内）
渡辺浩行（伊能忠敬）
辻仁史（野口英世）
池田智（葛飾北斎）

制作スタッフ　長谷川ゆい
森田希美

制作協力　SPARKLE

## 協　力

岐阜関ケ原古戦場記念館
平賀源内記念館
高知県立牧野植物園
伊能忠敬記念館
日本橋三越本店
公益財団法人野口英世記念会
学校法人北里研究所 北里柴三郎記念博物館
太田記念美術館
澤乃井　櫛かんざし美術館
三重県総合博物館
津田塾大学　津田梅子資料室

## 主な参考文献

『戦国 経済の作法』
（ジー・ビー）

『さかのぼり日本史』
（NHK出版）

『日本の下層社会』
（岩波書店）

# 偉人《いじん》の年収《ねんしゅう》 How《はう》 much《まっち》?

## 年収《ねんしゅう》でわかる!? 歴史《れきし》のヒーロー偉業伝《いぎょうでん》

2024年２月13日　初版発行

監修／NHK「偉人の年収 How much?」制作班

発行者／山下 直久

編集／小川純子

出版マーケティング局／谷 健一

生産管理局／坂本美香

発行／株式会社KADOKAWA
〒102-8177
東京都千代田区富士見2-13-3
電話 0570-002-301（ナビダイヤル）

印刷・製本／大日本印刷株式会社



●お問い合わせ
https://www.kadokawa.co.jp/（「お問い合わせ」へお進みください）
※内容によっては、お答えできない場合があります。
※サポートは日本国内のみとさせていただきます。
※Japanese text only

定価はカバーに表示してあります。


ISBN 978-4-04-737852-0　C0021

**頻出ランク付・昇任試験シリーズ 5**

論文試験101問＜第5次改訂版＞

平成9年3月25日　初　版　発　行
平成12年4月10日　第1次改訂版発行
平成18年11月20日　第2次改訂版発行
平成23年11月25日　第3次改訂版発行
平成28年5月25日　第4次改訂版発行
令和5年6月21日　第5次改訂版発行

編著者　地《ち》方《ほう》公《こう》務《む》員《いん》
昇任《しょうにん》試《し》験《けん》問《もん》題《だい》研究会《けんきゅうかい》

発行者　佐久間　重　嘉

学陽書房　東京都千代田区飯田橋1-9-3　(営業)　☎03(3261)1111
(編集)　☎03(3261)1112
振替　00170-4-84240

Printed in Japan.　印刷／東光整版印刷　製本／東京美術紙工
ISBN 978-4-313-20755-4　C 2332
乱丁・落丁本は送料小社負担にてお取り替えいたします。

**ストレスゼロで成果を上げる**

# 公務員の係長のルール

**秋田将人 [著]**

四六判・196頁　定価＝1980円（10%税込）

◎リーダーの悩みをズバッと解決！

初めて部下を持つリーダーに向けて、係長のポストをこなすヒケツを自治体の現役管理職が伝授。部下指導、上司の補佐、係の仕事管理、他部署との調整など、様々な場面で使えるノウハウ満載！

**今さら聞けない！**

# 自治体係長の法知識

**阿部のり子［著］**

A5判・144頁　定価＝2420円（10%税込）

**◎「法」に自信のない自治体職員に贈るはじめの一冊！**

契約事務のチェックやクレームの二次対応など、係長が日々の仕事で直面する困った場面で役立つ法務の知識を解説。法務の基礎と、実践で役立つ法知識が身につく。